Frank Meinel

CHRISTUS PREDIGEN

Frank Meinel

CHRISTUS PREDIGEN

Predigten in St.Wolfgang Schneeberg/Erzgebirge 2009 bis 2011

Fromm Verlag

Impressum/Imprint (nur für Deutschland/ only for Germany)
Bibliografische Information der Deutschen Nationalbibliothek: Die Deutsche Nationalbibliothek verzeichnet diese Publikation in der Deutschen Nationalbibliografie; detaillierte bibliografische Daten sind im Internet über http://dnb.d-nb.de abrufbar.

Contact:
International Book Market Service Ltd., 17 Rue Meldrum, Beau Bassin, 1713-01 Mauritius
Website: www.bookmarketservice.com
Email: info@bookmarketservice.com

Gedruckt in: USA, UK, Deutschland. Dieses Buch wurde nicht in Mauritius produziert.

Imprint (only for USA, GB)
Bibliographic information published by the Deutsche Nationalbibliothek: The Deutsche Nationalbibliothek lists this publication in the Deutsche Nationalbibliografie; detailed bibliographic data are available in the Internet at http://dnb.d-nb.de.

Contact:
International Book Market Service Ltd., 17 Rue Meldrum, Beau Bassin, 1713-01 Mauritius
Website: www.bookmarketservice.com
Email: info@bookmarketservice.com

Printed in: U.S.A., U.K., Germany. This book was not produced in Mauritius.

ISBN: 978-3-8416-0108-7

„Alle unsere Predigten gehen dahin, dass ihr und wir allzumal wissen und glauben sollen, allein Christus sei der einzige Heiland und Trost der Welt, Hirte und Bischof unserer Seelen,
wie das Evangelium auf Christus weiset, darum ist´s nichts anderes als des Johannes Zeugnis.
Deshalb ziehen wir die Leute nicht an uns, sondern führen sie zu Christus, welcher der Weg, die Wahrheit und das Leben ist.“

Martin Luther

Vorwort

Die meisten der vorliegenden Predigten wurden in der St. Wolfgangskirche von Schneeberg im Erzgebirge bzw. unserer „Winterkirche" St.Trinitatis gehalten. Eine Predigt entstand für unsere 800 Jahre alte Filialkirche zu Griesbach und eine weitere in der Rundkirche Klingenthal, meiner früheren Gemeinde, aus Anlass der 20 jährigen Wiederkehr der friedlichen Revolution.

Die St. Wolfgangskirche ist eine der ersten großen Bürger- und Predigtkirchen der Lutherischen Reformation in Sachsen.
Sie gehört zu den schönen gotischen Hallenkirchen im Freistaat und hat mit der Stiftung des 11- tafligen Reformationsaltars von Lukas Cranach d. Ä. ein sehr bedeutendes Kunstwerk in ihrem Sakralraum.
Die Kirche spiegelt heute ihre schlichte ursprüngliche Architektur wieder. Das hat seinen Grund darin, dass das Gotteshaus nach einem Fliegerangriff am 19.April1945 fast gänzlich zerstört wurde. Nur der Cranachaltar und wenige Gegenstände konnten gerettet werden.
Der leidenschaftliche Wiederaufbau der Kirche sollte ein halbes Jahrhundert dauern.

In der St. Wolfgangskirche sammelt sich Sonntag für Sonntag oft eine recht zahlreiche Gemeinde.
Der Gottesdienst wird nach dem Evangelischen Gottesdienstbuch in der in der Ev.-Luth. Landeskirche Sachsen gebräuchlichen Form gefeiert.
Die Gemeinde erfreut sich auch einer reichen Tradition an Kirchenmusik sowie besonderer Schätze bergmännischer Bräuche.
Der festliche Höhepunkt des Jahres ist die erzgebirgische Weihnacht.
Informationen finden Sie unter
www.st-wolfgang-schneeberg.de

Pfarrer Frank Meinel
Schneeberg im Juli 2011

Prioritäten setzen

Predigt über Phil.3.7-14 9. Sonntag nach Trinitatis 2010

Paulus schreibt:

Nicht, dass ich´s schon ergriffen habe oder schon vollkommen sei; ich jage ihm aber nach, ob ich´s wohl ergreifen könnte, weil ich (doch) von Christus Jesus ergriffen bin. ... (So) vergesse ich, was dahinten ist, und strecke mich aus nach dem, was da vorne ist und jage nach dem vorgestreckten Ziel, dem Siegespreis der himmlischen Berufung Gottes in Christus Jesus.

Uns begegnet im Bibelwort ein Mensch, der Prioritäten setzt.
Jemand, der wichtig von weniger wichtig unterscheidet und so handelt.
Uns begegnet ein Mensch mit einem Ziel, dem alles andere zu- und untergeordnet wird.
Als Paulus diese Worte wahrscheinlich im Jahr 60 im Gefängnis von Rom an die junge christliche Gemeinde von Philippi in Griechenland schreibt, konnte er natürlich noch nicht wissen, wie seine Zielsetzung, der er alles unterordnet, auch in der Wirklichkeit aufgeht.
Wir wissen es heute.
Über zweieinhalb Milliarden Menschen, ein gutes Drittel der Menschheit, gehört heute zum Christentum mit seinem Glauben an Jesus Christus. Dass dies so geworden ist, ist – einmal rein historisch betrachtet – wesentlich Paulus und solchen Worten zu danken.
Paulus ist der erste Verfasser von Texten für das Neue Testament, der erste Missionar, der geistige Dreh- und Angelpunkt der ersten christlichen Jahrzehnte. Die Evangelisten und andere wichtige biblische Autoren kamen erst deutlich später.
Wir können heute sagen:
Hätte es Paulus und seine Zielsetzung nicht gegeben, wir wären heute Morgen nicht hier. Diese Kirche St. Wolfgang gäbe es nicht. Wir würden heute nicht drei junge Tauffamilien begrüßen dürfen, hätten gestern Abend nicht Johann Sebastian Bach gehört usw.

Paulus ist der erste Mensch, der das Christentum formuliert und in die Welt trägt. Er ist der, der in einzigartiger Weise Person und Werk Jesu Christi in einen praktischen Glauben, in eine Religion übersetzt.
Alles hat er dem untergeordnet, alles andere für *Dreck erachtet*,
lesen wir, alles hat er dafür eingesetzt.
Geradezu wie ein Verrückter rennt und reist er durch die antike Welt des Mittelmeerraums.
Dabei hat er sein irdisches Leben bald verloren, aber Milliarden Schwestern und Brüder, auch uns hier, gewonnen.
Um es einmal in der Sprache unserer Zeit zu sagen:
Seine Prioritätensetzung war erfolgreich. Er hat sein Ziel erreicht.

Weil das tatsächlich im Leben so ist: wer für ein Ziel Prioritäten setzt, wird das Ziel erreichen. Wer ein Ziel halbherzig verfolgt und nicht weiß, was er wirklich will, wird es nie erreichen.
Das ist eine Grundwahrheit unseres Lebens.
Ein in meinen Augen sehr schönes Beispiel konnten wir vor wenigen Wochen besichtigen. Der überaus beliebte Fußballbundestrainer Jogi Löw arbeitete mit der Mannschaft ohne klaren Vertrag. Der war noch nicht fertig ausgehandelt, weil es da auch um viel Geld und viel Macht geht. Mehrfach sagte der sympathische Mann während der Weltmeisterschaft, das (also auch das mit Geld und Macht) sei ihm momentan egal. Ja, er verdränge es regelrecht; es gäbe nur ein Ziel, nämlich schön Fußball zu spielen und weit nach vorne kommen.
Das hat er geschafft und um ein Haar wäre unsere Mannschaft sogar Weltmeister geworden.
Die Konzentration auf ein Ziel ist der Weg, das Ziel zu erreichen.
Einen anderen gibt es nicht.

Ich stehe jetzt hier unserer großartigen Orgel gegenüber.
Ich sehe es noch bildlich vor mir, wie Mitstreiter vom Orgelverein und vom Kirchenstand mit mir im Dresdner Landeskirchenamt saßen.
Wir wollten die Orgel und hatten kaum Geld.

Der leitende Oberkirchenrat schickte uns mehrfach liebevoll aber deutlich nach Hause, sozusagen zum Portal hinaus. Da sind wir durch die Hintertür wiedergekommen, bis unsere Hartnäckigkeit Erfolg hatte und die Genehmigung zum Bau erteilt wurde.
Knapp drei Jahre später erklang die vollständig bezahlte Orgel und wir hatten sogar noch etwas übrig für künftige Reparaturen.

Wie stolz bin ich manchmal auf Kinder und junge Leute, einschließlich der eigenen Kinder, wenn denen zielstrebig etwas gelingt.
Ich denke an einen jungen Burschen. Schwierige Verhältnisse hat er zu Hause. Seine Eltern haben ihm nie gelernt, etwas durchzustehen, Ziele zu haben. Irgendwann aber platzte bei dem Jungen der Knoten und du kannst schon heute erahnen, dass der seinen Weg geht.
Es ist eine Freude.
Solche Momente gehören zum Lebensglück aller Menschen.
Es hat auch mit unserer Prioritätensetzung zu tun: für ein Ziel etwas unternehmen, opfern, kämpfen.

Aber woher kommt die Fähigkeit, zu kämpfen?
Was ist es, das den Knoten platzen lässt?
Ist das genetisch vorhergestimmt, im Gehirn angelegt?
Manche Ergebnisse der Forschung scheinen solche Schlüsse nahezulegen. Es gab es jetzt in einer großen deutschen Zeitung eine leidenschaftliche Diskussion: ist ein Mörder wirklich schuld, oder ist das in seinem Gehirn schon so festgezurrt, dass er nicht anders kann?
Lassen wir es zunächst offen, weil die Frage nach einem freien Willen tatsächlich sehr schwierig ist.
Schauen wir auf Paulus und seine Worte, die Glaubens- und Weltgeschichte schrieben.
Wodurch hat er seinen Antrieb erhalten, wobei ist sein innerer Knoten geplatzt? Er schreibt
Ich jage ihm – jenem Ziel - *nach, ob ich´s wohl ergreifen könnte, weil ich von Christus Jesus ergriffen bin.*

Das Wort *weil* beschreibt die Begründung: es ist deswegen so mit mir, *weil, weil ich von Christus ergriffen bin.*

Der Satz beschreibt eine Grunderfahrung.

Wie alles Wichtige im Leben nicht nur Wissen, sondern Erfahrung, inneres Erleben ist, so ist es auch mit dem Glauben, der Religion. Wenn du sie nicht erfährst, innerlich spürst und erlebst, bleibt sie kalt und fremd.

Es macht keinen Sinn, dem Schüler mathematische Formeln trichterartig ins Gehirn zu füllen, damit er sie bei der nächsten Mathearbeit aufsagen kann. Er soll sie und ihre Wichtigkeit für das Leben begreifen, also braucht er einen Lehrer, der es ihm möglichst lebendig und nahvollziehbar erklärt. So erklärt, bis der Groschen gefallen ist, dass der Satz das Pythagoras z.B. etwas mit dem Straßenverkehr zu tun hat und dem Führerschein, den der junge Mensch so gerne machen will. Wenn der Lehrer das will und mit Liebe dem Kind lehrt, ist er ein guter Lehrer. Deswegen brauchen wir wirklich keine Schulen mehr, die wie Abfüllstationen arbeiten.

Paulus hat etwas erlebt.

Er hat Jesus Christus erlebt. Er greift nun so konzentriert nach dem Ziel, *weil er ergriffen worden ist,* lesen wir.

Was mit diesen wenigen Worten gemeint ist, wissen alle, die ihre Bibel kennen und lieben, was wir hoffentlich alle sind.

Paulus war ein einsamer und egoistischer Mensch, der selbst vor Mord nicht zurückschreckte, bis er in die Tiefe fiel und gar nichts mehr konnte, krank wurde und in absoluter Finsternis saß.

Der ihn herunterholte, war Jesus Christus, der gekreuzigte, auferstandene Herr.

Saulus, Saulus, was verfolgst du mich!

Der *Saulus* war noch nicht *Paulus*, er meinte sein eigener Herr zu sein.

Das war seine Krankheit zum Tode, das was er später Sünde nennen wird. Das hat nichts mit Gehirnpositionen zu tun.

Er war ichbezogen, sein eigener Gott.

Davon wurde er erlöst durch Liebe.

Als er ganz unten war kamen Christen, Menschen die er töten wollte, und nahmen ihn auf. Die Erfahrungen dieser Stunden, veränderten sein Leben. Er erlebte Bekehrung. Ganz tief in seiner Seele fand ein Positionswechsel statt: der Selbstgott machte dem Herrn Jesus Christus Platz. Er war plötzlich nicht mehr allein mit sich.
So wurde er der geistige Vater des Christentums, weil sich tief in seinem Inneren etwas bewegt hatte.
Er war vom einem Menschenverächter zum Menschen geworden und begriff das Kreuz Christi: am Menschen zu leiden und ihn trotzdem zu lieben.
Das anderen zu sagen, wurde nun sein Ziel, das machte er zur Sprache, dafür begann er sich zu verzehren um dadurch wiederum alles zu gewinnen.

Der Knoten in uns platzt durch Erfahrung, durch Erleben, wie bei Paulus, wie beim Kind in der Schule usw.
Wo immer es uns als Christen gelingt, Menschen unserer Tage solches inneres Erleben zu schenken, wächst die Ewigkeit.
Manchmal ist es wunderbar, Menschen zu begegnen, bei denen wir helfen konnten, das Licht des Glaubens zu entzünden.
Wie Paulus unvollkommen blieb, geht das nicht immer.
Aber es gilt immer durch Jesus Christus.

Nirgendwo wird das so fassbar, so deutlich, wie in den Sakramenten, die Jesus uns geschenkt hat und überdies Paulus als erster wieder beschreibt: Taufe und Abendmahl.
Du kannst etwas erleben, spüren, fühlen, sehen. Da passiert tatsächlich etwas mit einem Kind oder einem Erwachsenen. Brot und Wein gehen in seinen Körper über und Wasser berührt seinen Leib.
Wollen wir den drei Kindern, allen Kindern die heute Taufgedächtnis haben und uns allen, dass uns Christus berührt, wir das spüren und erleben im Leben und so zu Menschen werden, denen gute Ziele gelingen; auf jeden Fall das schönste Ziel: Gott hier und in Ewigkeit zu begegnen. Amen.

Predigtlied: EG 200.1-4, Ich bin getauft auf deinen Namen....

Kärglich oder erfüllt

Predigt über 2. Kor. 9.6 Erntedank 2010

Wer da kärglich sät, der wird auch kärglich ernten; und wer da sät im Segen, der wird auch ernten im Segen.

In diesem Jahr fällt das Erntedankfest genau mit der zwanzigsten Wiederkehr des Tages der Deutschen Einheit zusammen. Fernsehen, Rundfunk und Zeitungen sind voll von Beiträgen. Ich will keinen Beitrag, hinzufügen, denn mir scheint es schon jetzt viel zu viel, was und wie darüber geredet wird.

Uns interessieren zum Erntedankfest innere, geistliche Fragen.
Eines wird der gläubige Mensch gewiss festhalten dürfen: vor allem war es Gottes Gnade, unserem Volk, das zwei Weltkriege entfesselt hat und in dessen Namen einst versucht wurde, das Bibelvolk der Juden auszulöschen, wieder neu anfangen zu lassen.
Unser Volk wurde von den anderen Völkern der Welt wieder mit Achtung und Vertrauen beschenkt. Das war Gnade Gottes, sieht der Glaube. Wir werden dadurch innerlich, geistlich dankbar.

Weil der Glaube an die Gnade Gottes mit inneren Augen sieht, sieht er auch das menschliche Wesen durch diese Augen.
Und er sieht dabei Kärgliches und zugleich Hoffnung.
Das wollen wir an diesem Erntedankfest heute aus Gottes Wort hören.

Der dankbare Glaube an die Gnade Gottes rechnet mit der Kärglichkeit des Menschen.
Wer da kärglich sät, der wird auch kärglich ernten, so schreibt Paulus an die christliche Gemeinde von Korinth, die er um eine
Kollekte für die völlig verarmte Kirche von Jerusalem bittet.
Überdies bildet diese große Text sozusagen den Urtext aller kirchlichen Sammlungen und Spenden bis heute.

Paulus möchte mit dem Bild von Säen und Ernten die Christen von Korinth bitten, nach ihren Möglichkeiten etwas zu geben. Das wird beim einen etwas mehr und beim anderen etwas weniger sein. Es soll aber von Herzen kommen; es soll ein wirkliches Dank-Opfer sein.
Es soll etwas ab-gegeben, weg-genommen werden; hin an den Nächsten und damit an Gott.
Und da Gott sich außer unserem Lobpreis nichts schenken lässt, wird es vielfältig auf den Geber als Segen zurückfließen.

Wer aber kärglich sät, der wird auch kärglich ernten.
Wer mit wenig Einsatz, herz- und blutlos, eiskalt rechnend, nur auf eigenen Vorteil bedacht, sät, bei dem kommt Kärgliches heraus.
Eben welkes, geschmackloses Zeug, ungenießbar, mitunter sogar giftig.

Die Frau an die ich denke, ist eine klare Gewinnerin des Geschenkes der Deutschen Einheit. Ihre charakterliche Prägung war schon früher von einem hohen Maß an Anpassungsvermögen gekennzeichnet.
Das sollte sich im Sommer 1990, also vor 20 Jahren, als Vorteil herausstellen. Sie wartete erst ab, bis langsam klar wurde, wohin das alles geht und im entscheidenden Moment nutzte sie die entscheidenden Kontakte.
Keinen Zweifel, sie hat auch viel geleistet, ein ansehnliches Institut mit aufgebaut, in dessen Leitungsebene sie heute sehr gut verdienend residiert, überdies auch optisch.
Aber wie arbeitet sie dort?
Ihre Eitelkeit ist grenzenlos; und so auch ihr Umgang mit den Angestellten. Sie muss immer im Mittelpunkt stehen. Im Bilde ist sie trocken, wie ein Schwamm, der nach den Tropfen der Aufmerksamkeit giert und dabei alles wegwischt.
Sie fordert ständig Dankbarkeit und wundert sich, warum sie keine erhält. Jedes Körnchen, dass sie auf den Acker des Jahres 2010 streut, ist kalkuliert. Sicherheitshalber streut sie nur ganz wenige, damit sie für sich zur Not noch eine Reserve hat. Man weiß ja nie.

Sie hat es geschafft, aber ihr Wesen ist kärglich und erbärmlich. Es ist kein Wunder, das sie so vielen – und mittlerweile auch sich selber - das Leben schwer macht. Sie erntet nichts. Wieso auch. Sie sät ja kärglich.

Der Mann an den ich auch denke, wurde Mitte 1991 wie etwa die gute Hälfte der Bevölkerung hier im Erzgebirge arbeitslos.
Er war früher Drei-Schichtarbeiter im Metallbereich. Der Betrieb, obwohl er ein weltweit gern gekauftes Produkt herstellte, wurde nach allen Regeln der Kunst und mit Fördermitteln, die die Käufer einsteckten, fachgerecht zerlegt und zerstört.
Ihm, unserem Mann, wurde immer einmal wieder gedeutet, das sei wie eine Art Naturereignis. Das müsse man halt hinnehmen.
Das sei jetzt eben so.
Das traf irgendwie auch seinen Charakter. Der ist zu gutgläubig.
So wurde der Arbeitnehmer ein Hin-Nehmer.
Nie und nimmer hätten sich das seine Kollegen in Stuttgart gefallen lassen. Seit fast 20 Jahren – wie man neudeutsch sagt – steht er nun in „prekären Jobs". Jetzt hat er einen Euro pro Stunde.
Was für eine Karriere!
Freilich: wenn du ihn triffst, macht es Freude mit ihm zu reden.
„Nun, wie geht's denn?", fragt man ihn. „Ja, es geht schon!", seine Antwort mit gütigen Augen. Leid, dass er im Fernsehen sieht, treibt ihn ganz schnell Wasser in die Augen. Er ist eine weiche Seele.
Und wenn irgendwo eine Hand gebraucht wird, ist er da. Er streut mit vollen Händen seine Körner aus. Aus einem schier unendlichen inneren Gefäß schöpft er und lässt das auf den Acker des Jahres der Agenda 2010 fallen. Und erntet und erntet ohne Ende.
Er wird gar nicht mehr fertig. Er erntet Gemeinschaft, gute Worte, eine Anrede, eine Bitte zu helfen. Man geht zu ihm hin.
Mein Gott, welcher Segen, welche Gnade ist ihm zuteil geworden.

Überdies: wenigstens ein politischer Satz sei mir heute gestattet:

Im Bilde gesprochen sind diese Leute sozusagen der Puffer, der den Umbruch abgepuffert hat. Ein Umbruch, der auch massenweise Lebenslagen veränderte, auch dadurch, dass Menschen, wie die vorhin beschriebene Dame, wie Rammböcke leben.

Wir haben natürlich längst gemerkt, dass beide Gestalten Personen meiner Phantasie sind. Sie gibt es nicht und ich kenne sie doch.
Meist etwas vermischter, mehr grau in grau, aber so ähnlich.
Und vielleicht kennen wir das alles auch irgendwo aus uns:
Kärglichkeit und Überfluss, Erbärmlichkeit und Hoffnung.

Egal, wie es ist, es ist aber so, wie Paulus es sagt:
Wer da kärglich sät, der wird auch kärglich ernten; und wer da sät im Segen, der wird auch ernten im Segen.
Was du behältst, verlierst du, was du gibst, bekommst du. Das alles sind geistliche, innere Vorgänge. Im Wesen des Menschen entscheidet sich sein Leben, oft auch das seiner Kinder. Der Apfel fällt eben nicht weit vom Stamm.
Was geben wir, was säen wir?
Das werden wir immer auch ernten!
Da uns die Ente auch nur zwischenzeitlich in die Hände gelegt ist, bis der Schnitter kommt, wird es dem, der das nicht verdrängt noch deutlicher. Mensch, woraufhin lebst du?
Hast du die Geschenke Gottes verstanden, oder meinst du, du seist selber der Herr? Dann sollen wir die göttliche Stimme hören:
Du Narr, noch heute wird man deine Seele von dir fordern!

Danach fragt Erntedank. Danach fragt jeder Dank, auch dann wenn Denktage darauf fallen. Ich möchte uns heute wieder einladen:
Seien wir nicht kärglich, sondern voller Hoffnung, wegen dem, der da ist und der da war und der da kommt.
Amen.

Von Erde genommen

<u>Predigt über Genesis 2.4bff   15. Sonntag n.Trin. 2010</u>

Da machte Gott der Herr den Menschen aus Erde vom Acker und blies ihm den Odem des Lebens in seine Nase. So ward der Mensch ein lebendiges Wesen. ... Und Gott der Herr nahm den Menschen und setzte ihn in den Garten Eden, dass er ihn bebaute und bewahrte.

Ganz zweifelsfrei ist wohl bei den meisten Menschen ein neues Gefühl für den Schutz der Natur und für die Erhaltung der Schöpfung entstanden. Das war vor 20 bis 30 Jahren noch völlig anders.
Allein schon wegen der gestiegenen Kosten achten wir auf den Verbrauch unserer Autos und Heizungen, geben wir uns Mühe, Müll und Abgase zu reduzieren. Auf etlichen Häusern – und das wird noch zunehmen – sieht man moderne Anlagen, die das Sonnenlicht in Energie umwandeln.
Dass etwa an Schulen, natürlich auch unseren christlichen, der Natur- und Tierschutz Thema ist, versteht sich fast schon von selbst.
Es ist ein neues Gefühl für den Umgang mit der Natur, von der wir neu gelernt haben, dass sie nicht unbegrenzt ist, entstanden.
Das ist eine gute Entwicklung.

Ich bin sehr froh darüber, denn wie man schon auf den ersten Seiten der Bibel sehen kann, ist das auch für unseren Glauben ein Thema. Gott hat uns Menschen unter anderem dazu *erschaffen,* dass wir den Garten Eden – so wörtlich – *bebauen und bewahren.*
Frage sich wirklich jeder für sich, wie er diesem biblischen Auftrag gerecht wird; es beginnt immer zu Hause, im eigenen Alltag.

Ich brauche hier nicht die Szenarien, etwa des Klimawandels, zu beschreiben; dazu reicht der Blick in die Zeitung und das Fernsehen. Wohl bei jedem dürfte angekommen sein, dass die Wetter seit einigen Jahren extremer werden. Das hat alles damit zu tun.

Unser Blick geht jetzt auch etwa zu den verheerenden Folgen der Überschwemmungen. Wir hatten auch dieses Jahr wieder einige Probleme in Ostsachsen und Polen, aber es ist kein Vergleich, mit dem, was sich jetzt in Pakistan abspielt.
Eine der schlimmsten Seiten der Naturveränderung ist wohl auch, dass es die armen Völker meist am heftigsten trifft. Vermutlich wird das Ganze die Flüchtlingsströme noch erhöhen. Ich will es jetzt hier nicht weiter vertiefen.

Im christlichen Gottesdienst feiern wir Gottes Liebe und Gottes Kraft, hören sein Wort, feiern sein Mahl und hoffen damit auf Antwort, wie das Verhältnis des Menschen zu Gott unser Leben bestimmt, trägt und orientiert. Wir fragen sozusagen nach *den inneren Grundlagen* des Lebens im Angesicht Gottes und erhoffen uns darauf Wegweisung für unseren Alltag.
Das, was sich als neues Gefühl sehr vieler Menschen um die Fragen des Klimawechsels herum breitmacht, ist für die biblische Überlieferung nicht neu. Es gehört zum Grundbestand unseres Glaubens und seiner Lebensnähe. Wir empfinden heute wieder stärker, dass wir Menschen auch nur ein Teil der Natur sind und die Gefahr real ist, mit der Natur unterzugehen.
Das weiß die Bibel schon immer. Es ist als geradezu archaische Aussage im dem *Bild* verwoben, *dass der Mensch von Erde genommen ist.* Das möchte ich heute mit euch betrachten.

Hat man nach dem Zeitalter der Aufklärung selbst unter Theologen nur noch mitleidig über solche angeblich märchenhaften Erzählungen gelächelt, würde das heute kein ernsthafter Mensch mehr tun. Natürlich sind in solche uralten Erzählungen mythische Elemente verwoben. Da spricht etwa eine Schlange. Aber der Prozess zwischen der Naturwissenschaft, wie sie die Aufklärung hervorgebracht hat und der Religion ist unabgeschlossen, offen, so etwa Jürgen Habermas, ein bekannter und geschätzter Denker unserer Zeit.
Erleben der Gefährdungen, in denen die Menschheit heute steht.

Dieser Prozess bekommt geradezu eine neue Dynamik.
Machen wir uns das an einer der allerersten Aussagen der Bibel deutlich. *Der Mensch sei von Erde genommen*, lesen wir.
Was ist damit bildhaft gemeint?

Die meisten von uns waren schon bei Bestattungen dabei.
Wir versuchen auf unseren kirchlichen Friedhöfen eine gute Arbeit zu machen. Wir verstehen das mit unseren Mitarbeitern als eine sehr wichtige Aufgabe, Menschen würdig auf dem letzten irdischen Weg zu begleiten und unsere Friedhöfe im Sinne der Bibel aussagekräftig zu gestalten. Aber bei allen guten Absichten wird doch selbst die christliche Bestattung nur möglich durch den Tatbestand, dass der menschliche Körper zerfällt und wirklich Erde wird.
Erst dieser Kreislauf macht auch christliche Gestaltungsweisen möglich.
Unseren *kirchlichen Friedhof* in Schneeberg gibt es seit 450 Jahren, in Griesbach ist er fast 800 Jahre alt. Würde der Mensch nicht wieder Erde, wie wir am offenen Grab zeichenhaft sagen, wäre ganz Schneeberg und darüber hinaus heute Friedhof.
Man kann schon an unseren Bestattungsriten simpel erkennen, wie der Tod geradezu eine Notwendigkeit des Lebens ist. Würde nicht gestorben, es gäbe die Menschheit nicht mehr.
Oder anders gesagt: was die Bibel schon ihren ersten Seiten darstellt muss für uns zu einer grundlegen Lebenswahrheit werden; wir müssen dessen innewerden: *der Mensch ist nur ein Teil der Natur.*
Er trägt ihre gleiche Substanz. *Erde* sagt die Bibel.
In ihrer Bildsprache trägt diesen Namen auch der *erste Mensch:*
Adam, das *Erdwesen*, wörtlich: *adama*, *der von Erde Genommene.*

Aus nur wenigen Zellen eines Mannes und einer Frau entsteht unser Leben, wächst heran, lebt und arbeitet, bringt meist auch neues Leben hervor, wir schwächer, kränker und stirbt. Und es wird dann in die Erde gelegt und *wieder Erde.* Wie ein Kreislauf sich schließt, ist das gemeint.
Der Mensch ist ein Teil der Natur.

Dies zu erkennen, anzuerkennen, nicht auszublenden ist in der Sicht unserer Glaubens der erste Schritt, unserer Verantwortung gerecht zu werden. Wir müssen erst unsere eigene Begrenzung akzeptieren, ehe wir fähig werden, etwas über die reinen Grenzen der Natur hinaus zu schaffen.

Die Menschen vor nahezu 3000 Jahren, als dieses Bibelwort entstand, konnten es nicht anders sagen, als in ihrer damaligen *Bildsprache*.
Aber sie schufen durch Gottes Geist ewig gültiges. Sie beschreiben damit auch einen wichtigen Teil dessen, was wir heute *Lebenssinn* nennen. Warum bin ich überhaupt da?
Und Gott der Herr nahm den Menschen und setzte ihn in den Garten Eden, dass er ihn bebaute und bewahrte.
Zum bebauen und bewahren, nicht zum zerstören und vernichten ist der Mensch da.

Alle schlechten Beispiele der Geschichte, bis hin zu den beiden großen Diktaturen der Moderne, zeigen etwas davon, wohin es führt, wenn Menschen ihr natürliches Maß verlieren. So beginnen Menschen zu zerstören und vernichten, andere Menschen zu vernichten, etwa im Namen eines Gedankens oder einer Ideologie. Einer Ideologie, die behauptet, darüber zu stehen und an die Stelle Gottes zu treten.
Der Mensch ist nicht Gott. Er ist Erde, natürliche Substanz.
Wer das nicht begreift, greift nach dem Leben.
Wer es aber begreift, schafft Leben, greift nach seiner Bestimmung, in seiner Lebenszeit Gutes, Hilfreiches und Schönes zu schaffen; allein schon mindestens darin, dass menschliche Leben im Normalfall weiterzugeben, es zu schützen und heranwachsen zu lassen.
Nur wer das innerlich lernt, wird seiner menschlichen Bestimmung näher kommen. Wer beginnt zu krampfen, zu fluchen, zu verwünschen, wer nicht seine Grenzen anerkennen will, wird schon innerhalb dieser Grenzen unglücklich.

Mehr noch! Und hier erst schließt sich der Kreis für uns als Christen, die wir mit dem Alten Testament das Wissen um unsere Grenzen teilen.
Der Mensch ist ganz Natur und doch noch etwas anders.
Ein Wesen der Liebe, nicht nur ein Zellhaufen und eine Ansammlung von Atomen. Wir glauben und bekennen, dass wir gewollter Weise auf der Welt sind und hinter unserer Vergänglichkeit Gott selber auf uns wartet und uns schon entgegengekommen ist bis hinein in den Tod.
In Christus ist er Mensch geworden.
In ihm hat er uns für die Ewigkeit berührt und erlöst vom Fluch der Sünde, uns nur auf uns selber zu beziehen.
Wir glauben an das Leben mit Jesus Christus nach unserem Tode bis in Ewigkeit. Wie ein Mensch aus der winzigen Welt des Mutterleibes in die scheinbar weite Welt seines irdischen Lebens tritt, die dann aber auch am Ende des Lebens wieder eng wird, wird er im Tode in die unendlich weite Welt des Reich Gottes hineingeboren.
So hat es unübertrefflich einst Martin Luther einem Mann geschrieben, der sein Kind verloren hatte.

Wer im Christusglauben kommt der Auferstehungsglauben hinzu, der uns einlädt, unserer Bestimmung hier zu leben und die Welt zu bebauen und zu bewahren. Nehmen wir das als göttlichen Auftrag immer wieder an.
Gott helfe uns dazu. Amen.

Predigtlied, Singt von Hoffnung, Neues Sächsisches Gesangbuch
077.1-3 Lobe den Herrn, meine Seele

Am Ort der Bergpredigt

Predigt über Matth. 5.1-10 Reformationsfest 2010

Als er aber das Volk sah, ging er auf einen Berg und setzte sich; und seine Jünger traten zu ihm. Und er tat seinen Mund auf, lehrte sie und sprach:
Selig sind, die da geistlich arm sind, denn ihrer ist das Himmelreich.

Vor wenigen Tagen habe ich auch über dieses Christuswort gepredigt. Mir und einigen Schwestern und Brüdern der Gemeinde war es vergönnt, dieses Wort an dem Ort zu hören, wo es der biblischen Überlieferung zufolge der Menschheit von Jesus gesagt wurde:
auf einem Hügel am Nordufer des Sees Genezareth.
Seit uralter Zeit verehren dort Christen den Ort der Bergpredigt, die mit den acht Seligpreisungen beginnt.
Heute befindet sich dort eine schöne Kirche des großartigen italienischen Architekten Barlucci inmitten von Gärten.
Immer hat man den See vor Augen. Franziskanische Ordensleute pflegen und verwalten die Stelle. Hunderte besuchen jeden Tag den Ort. Manche feiern dort auch Gottesdienst mit Heiligen Abendmahl, wie auch wir vor wenigen Tagen. Dazu gibt es im Freien einige Plätze mit Bänken und einem Altar.
Ich weiß es von anderen und auch aus eigenem Empfinden:
an solchen Orten des Ursprungs bekommt der Glaube eine ganz eigene Wirkung und Dynamik. Dir geht irgendwie ein Schauer über den Rücken. Du wirst von einem undefinierbaren Gefühl – vor etwas innerlich Überwältigendem zu stehen – befallen.
Solche Augenblicke vergisst du nicht. Sie graben sich unauslöschlich in deine Erinnerung ein.

Es ist so. Und es ist merkwürdig so, gerade für uns Evangelische, für uns nüchterne und meist wissenschafts- und buchorientierte Protestanten.

Das sind wir doch, seit fast einem halben Jahrtausend mit Martin Luther ein notwendiger von Gottes Geist geleiteter Prozess in Gang kam, der wieder das Gotteswort, wie es uns in der Heiligen Schrift gegeben ist, in den Mittelpunkt stellte. Längst haben auch andere Kirchen, etwa unsere katholischen Freunde, von diesem Prozess etwas Gutes genommen.
Heute ist der Stellenwert der Bibel in der gesamten Christenheit höher, als je zuvor. Über allem – so Luther – muss Gottes Wort stehen, auch über der Institution der Kirche, die sich diesem Wort verdankt.
Alle Traditionen und Überlieferungen, alle Feste, Liturgien und Zeremonien sind ihm untergeordnet und darum auch grundsätzlich veränderbar. Nur eines ändert sich nicht: Gottes Wort.
Es ist gut, dass wir evangelischen Christen zusammen das betonen.
Es gereicht der ganzen Christenheit zur Ehre.

Aus dieser Fixierung auf das Wort hat sich bei uns freilich auch weithin eine Lösung von dinglichen Sachen und Orten ergeben; weil es darauf eben grundsätzlich nicht ankommt.
Nur am Rande: diese innere Ausrichtung auf das Wort hat auch dem Schul- und Wissenschaftswesen einen gewaltigen Schub gegeben. Geistige und geistliche Bildung wurde bedeutsam, Bücherlesen, Reden, Diskurse führen usw.
Später führte das weiter zur Aufklärung und zu einer Methode, die uns schweres zugemutet hat, aber unumgänglich war.
Wie jede andere Wissenschaft auch, wurde in die Glaubenslehre oder Theologie das historisch-kritische Fragen eingeführt.
Warum tauchen am leeren Grab unterschiedliche Personen nach den vier Evangelien auf? Was hat Jesus am Kreuz wirklich gesagt; jeder Evangelist erzählt anderes. War Jesus dreimal oder einmal in Jerusalem? Ich könnte fortfahren.
In meinem Denken ist solches Fragen auch anerzogen.
So wirst du, völlig zu recht, im Studium bei uns Protestanten gebildet und mit vielen Büchern versorgt.

Die mit in Israel waren, haben es noch in Erinnerung. Ständig trat ich auch wie ein Filter auf. Wir wissen nicht: hat Jesus dort oder hier bei der Bergpredigt gesessen. Die Texte sind viel später entstanden.
Wir wissen nicht genau, wo er geboren wurde und ob der Berg Tabor wirklich der Berg der Verklärung ist.
Ganz sicher sind nur ganz wenige Orte: Nazareth und Golgatha, heute alles unter gewaltigen Kirchen gelegen.

Wie ein Filter kam ich mir wieder mal vor, aber zugleich wieder und stärker auch mit dem Gefühl des Brennens im Herzen.
Du kehrst eben zu den Orten des Ursprungs zurück.
Hier begann es einmal, was heute auch am Reformationsfest in unserer Stadt und Gemeinde gefeiert wird.
Zunehmend spüre und erlebe ich auch in mir das Abbröckeln einer gewissen Überheblichkeit, als könnest du dort mit einem guten Reiseführer in der Hand nur historische Wahrscheinlichkeiten aneinanderreihen. Nein, da ist noch etwas anderes.

In der Geburtsgrotte von Bethlehem, von der wir wirklich erst ab dem frühen vierten Jahrhundert wissen, knien die Leute, küssen den Boden, berühren den silbernen Stern, wo Maria Jesus geboren haben soll und weinen. Manche zünden Kerzen für Kranke an.
Weil ich meist ganz hinten war, um die Gruppe zusammenzuhalten, merkte ich es ernst ganz am Ende: plötzlich fangen auch unsere Evangelischen singend zu beten an: *Ich steh an deiner Krippe hier oh Jesu du mein Leben ich komme bring und schenke dir, was du mir hast gegeben. Nimm hin es ist mein Geist und Sinn, Herz Seel und Mut nimm alles hin und lass dir´s wohl gefallen.*
Ich weiß noch, wie ich erst noch denke: wir wissen nicht, wo die Krippe stand und fange zugleich an mitzusingen: *Ich steh an deiner Krippen hier.* Und ich bin innerlich bewegt

Brauchen wir also doch zusammen mit dem allein gültigen Wort Gottes Orte, Zeiten, Traditionen. Aber ja!

Diese Kirche ist doch auch ein Zeichen dafür.
Es sind Orte innerer Heimat, in denen schon irdisch ein Gefühl ewiger Beheimatung groß wird. Das Wort hängt nicht im luftleeren Raum.
Wir sind aus Fleisch und Blut und haben auch Gefühle.

Das war überdies für Martin Luther immer absolut klar.
Nie hat er die gottlose Bilderstürmerei betrieben, die Kirchen, Bilder und Altäre zerstörte und Teile der reformatorischen Bewegung in sektenähnliche Zusammenschlüsse getrieben hat.
Unser Gottesdienst ist derselbe, wie seit Jahrtausenden, nur muttersprachlich, damit wir´s verstehen. Längst machen das auch alle anderen mit uns.

Neu wurde mir am Berg der Seligpreisung der Beginn der Bergpredigt wie geöffnet. *Wir sind geistlich Arme* und darin liegt unsere Seligkeit, unser Glück verschlüsselt, dies anzuerkennen.
Nicht, was wir meinen zu wissen, zu durchdringen und zu erforschen, ist der Schlüssel zu Gott, sondern unsere Armut, unser Angewiesensein, unser Fallenlassen in Christi Arme.
Die Menschen, die an den alt- und neutestamentlichen Stätten mit ganzem Herzen beten, sind keine Spinner, sondern Ergriffene.
Und das ist es, was Gottes Wort von uns will.
Dass wir selber von Christus und seiner Liebe überwältigt werden.

Ganz gewiss hat Religion immer auch etwas mit Bildung zu tun und niemals ist unser Kopf nur für das Haareschneiden da; wir brauchen auch kritische Blicke, ohne die es schief und sektiererisch wird.
Zuerst aber ist Religion eine Beziehung, ein Du, das mein Ich umfängt, das mich meint. Dieses Du ist Gott im Angesicht Jesu Christi.

Selig sind, die da geistlich arm sind, denn ihrer ist das Himmelreich.
Damit beginnt die Bergpredigt, wie sie uns der Evangelist Matthäus überliefert. Es ist wunderbar, das unsere Kirche, dieses Herrenwort als Evangelium des Gedenktages der Reformation ausgewählt hat. Es sagt

uns, dass nicht wir zuerst mit irgendetwas eigenem etwas ergreifen, sondern dass wir schon ergriffen sind und dass unser Reichtum unsere innere geistliche Armut ist.
Nicht wegen etwas an und in uns wendet sich Gott uns zu, sondern weil wir geliebte Wesen, Personen, eben seine Kinder sind.
Wir müssen nicht irgendetwas vor im darstellen und machen.
Dazu haben wir in unserem Alltag weiß Gott genug gute Gelegenheiten, etwa Menschen zu helfen, Kinder zu erziehen, die Gemeinde zu bauen. Zuerst sind wir Beschenkte und Begnadete, in Armut Reiche. Gott sei Dank!

Amen.

Predigtlied EG 307, Die Seligpreisungen (orth. Liturgie)

Seelsorge

Predigt über Lukas 3.1-14 3. Advent 2010

Im fünfzehnten Jahr der Herrschaft des Kaisers Tiberius, als Pontius Pilatus Statthalter in Judäa war und Herodes Landesfürst von Galiläa und sein Bruder Philippus Landesfürst von Ituräa und der Landschaft Trachonitis und Lysanias Landesfürst von Abilene, als Hannas und Kaiphas Hohepriester waren, ***da geschah das Wort Gottes*** *zu Johannes, dem Sohn des Zacharias, in der Wüste. Und er kam in die ganze Gegend um den Jordan und predigte die Taufe* ***der Buße*** *zur Vergebung der Sünden, wie geschrieben steht im Buch der Reden des Propheten Jesaja: »Es ist eine Stimme eines Predigers in der Wüste: Bereitet den Weg des Herrn und macht seine Steige eben!*
Alle Täler sollen erhöht werden, und alle Berge und Hügel sollen erniedrigt werden; und was krumm ist, soll gerade werden, und was uneben ist, soll ebener Weg werden. Und alle Menschen werden den Heiland Gottes sehen.«

Die Adventszeit ist seit alters her eine Bußzeit. Das haben wir längst vergessen, auch wenn unsere Gottesdienste dies in ihrer Art – in Sachsen ist das die schlichte Form C – darstellen.
Wie in der Passionszeit ist die violette liturgische Farbe bestimmend. Im Eingangsteil wird nur das kurze deutsche Kyrie 'Herre Gott erbarme dich' gesungen.
Ebenso erklingt dann in der Vorbereitung zum Abendmahl das 'Heilig ist der Herr Gott Zebaoth' nach einer einfachen Fassung, die wohl nur noch bei uns hier üblich ist.
Ich bin froh über diese recht strenge Liturgie, denn sie erinnert uns immer wieder im Gottesdienst daran, dass die Adventszeit eine Bußzeit, eine Vorbereitungszeit ist.

Weihnachten mit seiner Strahlkraft kommt erst.

Wenn man alles ganz genau nehmen würde, dürfte man zum Beispiel noch keine Krippen aufstellen und keine Weihnachtslieder singen.
Da aber die vielen Menschen jetzt schon in der Adventszeit zu uns ins Erzgebirge kommen, haben wir dort unsere Krippe auch schon aufgebaut. Sonst könnten wir sie den allermeisten Leuten nur in der Heiligen Nacht zu zeigen. „Oh du fröhliche" singen wir auch manchmal schon vorher. Streng genommen, dürfte man es erst zu Weihnachten in den Mund nehmen.
Man wird es ganz rein nie durchhalten.

Zu sehr wird Advent und Weihnachten von den Menschen, auch uns selber, zusammen erlebt und gefeiert.
Man kann einmal etwas einfacher sagen: der empfundene Lebensrhythmus, der sich besonders in den Bräuchen und Traditionen spiegelt, holt uns immer ein.
Wir sprechen heute auch längst vom sog. „Weihnachtsfestkreis", der Advent, Weihnachten und Epiphanias umfasst. Gerade darin würde eine Kirche, die sich auch als Volkskirche versteht, leben, sagen uns kundige Menschen.

Das Ganze zeigt uns wieder einmal: auch die Kirche und Gemeinde ist immer nur ein Teil der Welt, wie sie ist.
Wer das nicht wahrhaben will, schließt sich ab, wie in einem kleinen, geschlossenen Winkel und wird fast niemand erreichen.
Ja, wir sind ein Teil der Welt und ihrer Menschen, aber in genau dieser Welt – deren Teil wir sind – muss das Gotteswort nun unumschränkt gesagt, gesungen und gelebt werden.
Das Gotteswort, das in die Welt gesagt wird, steht ihr auch gegenüber.

Genau diese Grundhaltung der Bibel begegnet uns heute im Predigttext so deutlich.
Ich habe bewusst einmal den Auftakt zu den berühmten Worten *„Bereitet dem Herrn den Weg!"* gelesen.

Was dort mit der konkreten Nennung von Namen der Herrschern der damaligen Zeit geschieht, ist diese Verankerung in der Zeit.
Nicht Irgendetwas, sondern die konkrete Weltgeschichte wird mit dem Evangelium konfrontiert.
Es beginnt ganz oben beim *Kaiser. Im fünfzehnten Jahr der Herrschaft des Kaisers Tiberius.* Dann folgt der uns so bekannte *Pontius Pilatus*, der politisch wichtigste Römer im Nahen Osten, dann kommen die jüdischen Fürsten *Herodes Agrippa*, sein Bruder *Philipus,* dann noch der Fürst *Lysanias;* Klientielfürsten, sagt man auch.
Dann folgen die religiösen Autoritäten des Judentums, die Hohenpriester *Hannas und Kaiphas.*
Die meisten werden wir später in der Passionsgeschichte wieder treffen.
Und alle – von ganz oben nach ziemlich weit unten in die Provinz – waren meist üble Regenten und Priester, ja manchmal Verbrecher.
Manche schreckten nicht einmal vor Mord zurück.
Johannes der Täufer und später Jesus von Nazareth werden
ihnen, historisch betrachtet, zum Opfer fallen.

Lukas benennt sie und damit die Welt, zu der Gott kommt.
Das ist der Sinn dieser eigentlich traurigen Liste:
Sie zeigt eine Welt, die so ist, wie sie ist.
Aber nun schreibt der Evangelist in der Kraft des Heiligen Geistes:
als diese alle regierten, *geschah das Wort Gottes zu Johannes, dem Sohn des Zacharias.*
Was für ein Ausdruck: *Das Wort Gottes geschah.*
Es ist dieselbe Formulierung, die wir schon aus der Schöpfungsgeschichte und von den Propheten kennen.
Das Wort geschieht.
Gott kommt in seinem Wort zur Welt. Dieses Wort wird ein Mensch unter Menschen – will sagen: **unter uns**.
Gott greift in unsere Geschichte ein.

Lasst es mich heute einmal an einem sehr einfachen, aber wirkmächtigen Beispiel verdeutlichen: ich meine **der Seelsorge**.
Wenn das Wort zur Welt kommt, muss man ja immer kritisch fragen:
Na und? Was passiert denn?
Was hat sich denn mit Jesus wirklich verändert?
Wo trägt eine Predigt heute Früchte?
Wo bereiten wir dem Herrn den Weg zwischen den ganzen Herrschaften unseres Lebens? Wo kommt Jesus an?

Zum Beispiel in der **Seelsorge.** Und dort sehr kräftig.
Ich denke etwa an etliche Menschen in unserer Gemeinde, die den stillen, unauffälligen Dienst der Seelsorge beinahe täglich zusammen mit uns Pfarrern üben. Ihr Telefon darf klingeln.
Das freut sie. Es nervt nicht. Gerade zur Advents- und Weihnachtszeit haben sie Zeit. Denn sie wissen: dort rückt die innere Not besonders deutlich an die Seele.
Da kommen Menschen und laden Lasten ab.
Das ist solche Buße und Umkehr, was denn sonst.
Dies ist biblisches Sich-Aufmachen.

In der Welt sein heißt nun nichts anderes, als dass Schwestern und Brüder von uns in der Welt, in der Telefonleitung, hinter einer sich öffnenden Tür sind. Sie sind einfach da.
Konkret und mit Zeit sind sie da. Sie haben nicht zu viel zu tun.
Sie haben so viel zuzuhören!
Wie viel Segen ist schon von solchen Momenten ausgegangen, wo Bedrückte, Belastete, Schuldige jemand fanden.
Eben einen Menschen mit Namen und Gesicht, wie einst Johannes der Täufer, der ja nichts anderes tut, als auf den Heiland hinzuweisen.
Er war auch nicht selber die Antwort, aber er wusste, wo Heilung geschehen kann: im Glauben an Christus.

Dabei sagte er den Leuten deutlich die Meinung.
Genau das geschieht ja auch in der Seelsorge.

Und würde dort nur ganz sanft geredet: alles fragt da auch nach unseren dunklen, egoistischen Seiten und wie diese Sünde aufgebrochen werden kann vom Licht der Erlösung.
Dieses Licht der Buße treibt uns zur Umkehr. Weg von uns selber und dem kreiselhaften Drehen um sich selbst, hin zur Befreiung durch das Evangelium nun wirklich wichtig zu werden im Dienst an Menschen, in der Kirche, in der Gesellschaft.

Das Wort kommt in der Seelsorge kritisch zur Welt, in dem Menschen das Licht der Liebe Jesu gezeigt wird – durch Zuhören, Fragen, Reden, Beten.
Wir können dankbar sein, was da auch in unserer Gemeinde geschieht. Vom ganz einfachen Hausbesuch, einer Karte, einem Anruf, einem Wunsch. Das alles ist Advent, Hinführung auf den Heiland.
Und das gehört schon zu Weihnachten. Von vorne her ist schon Licht.
In die violette Zeit mischt sich schon weiß.

Vielleicht ist eine Spur selbst im einfachen Empfinden des Volkes vorhanden, wie eine Sehnsucht: wir leben im Advent, das schon von Weihnachten bestimmt wird.
Gott selber tritt in unsere Lebensgeschichte ein, das Wort kommt zur Welt zum Segen. Amen

Gott wird ein Kind

Predigt über Micha 5.1 Christfest 2010

Und du Bethlehem Efrata, die du klein bist bist unter den Städten in Juda, aus dir soll mir kommen, der in Israel Herr sei, dessen Ausgang von Anfang und Ewigkeit her gewesen ist.

In den meisten Kirchen der Welt, wie auch bei uns, wird in der Heiligen Nacht dieser Text des Propheten Micha gelesen.
Zum Beispiel tritt in unserer Dorfkirche in Griesbach aus der Engelschar während des Krippenspieles ein Engel hervor und spricht dieses Wort.
Das Kind spielt einen Teil einer langen Kette von Zeugen, die im Alten Testament schon von Christus zeugen.
Das Ganze erreicht dann einen ersten Höhepunkt, wenn ein weiterer Engeldarsteller die – sonst dem Pfarrer vorbehaltene – Kanzel betritt und die Weissagung aus dem 9. Kapitel des Jesajabuches singt.
Höret an die Weissagung des Profeten Jesaja im neunten Kapitel:
Das Volk so im finstern wandelt, sieht ein großes Licht …
Für jedes Mädchen oder jeden Jungen ist das gewiss eine unvergessliche Stunde im Leben.
So auch in unserer gewaltigen St. Wolfgangskirche.
Hier beginnt in der Heiligen Nacht die Christmette mit tausenden von Besuchern nach dem Eingangschoral mit kurzen Lesungen des Alten Testamentes. Ich zitiere das noch einmal in der seit Jahrhunderten gebräuchlichen Weise:
Der Friede des Herrn Jesus Christus sei mit euch allen. Hört das Wort der Heiligen Schrift über die Verheißung Gottes:
Und Gott sprach zu Abraham: Ich will dich segnen und die verfluchen, die dich verfluchen und in dir sollen gesegnet sein alle Geschlechter auf Erden. Und Jacob spricht: Herr, ich warte auf dein Heil.
Der Prophet Micha verkündet: Und du Bethlehem Efrata, die du klein bist bist unter den Städten in Juda, aus dir soll mir kommen, der in

Israel Herr sei, dessen Ausgang von Anfang und Ewigkeit her gewesen ist.

Hier haben wir das Textfragment.
Die Weissagung hat für uns eine große Bedeutung, so sehr, dass sie ritualisiert bis in die Höhepunkte des Jahres, ja eines Lebens hinein, zum Klingen kommt.
Noch niemals hat mich bei diesen Texten und die sie umhüllenden Gottesdienste ein Gefühl von Langeweile und Oberflächlichkeit beschlichen. Jedes Jahr wird es einem im Herzen warm; mir scheint mit zunehmendem Alter noch mehr. Und manchmal läuft es dir den Rücken herunter. Weihnachten trifft unser Gefühlszentrum.

Vielleicht kann ich es in diesem Jahr mit einigen anderen von uns sogar noch zuspitzen. Vor wenigen Wochen durfte ich wieder einmal in *Bethlehem* sein. Heute, wie jeder im Fernsehen und in den Zeitungen besichtigen kann, ein Brennpunkt der Weltpolitik.
Am Rande der palästinensischen Kleinstadt Bethlehem musst du, willst du zur Geburtskirche, durch eine gewaltige Mauer von acht Metern Höhe hindurch. Auf der einen Seite der Mauer befinden sich schwer bewaffnete israelische Soldaten, die alles genau kontrollieren, weil sie Angst vor Terroristen haben. Auf der anderen Seite begegnet dir die bunt und schreiend bemalte Mauer, wie einst in Berlin.
Die Palästinenser haben dort ihren Frust, etliche auch ihren Hass aufgesprüht. Dann fährst und läufst du durch Bethlehem. Es ist heute eine Mischung aus Armut und Reichtum.
Manchen geht es gut; aber sehr viele sind arbeitslos, was den Frust nochmals steigert. Es gibt sehr schöne Areale, die auch mit deutscher Hilfe gebaut worden sind. Aber auf Schritt und Tritt spürst du den Konflikt der Weltgeschichte. Manche von uns haben dort auch Angst.
Bei mir machte sich wieder einmal eher Ratlosigkeit breit.
Wer will dort einmal wirklich Frieden und Recht aufbauen?
Ich weiß es nicht. Zu tief scheinen die Gräben.
Überdies werden dazwischen die Christen – oft Menschen

evangelischen Glaubens wie wir – regelrecht zerrieben.
Hatte Bethlehem von wenigen Jahrzehnten noch 80 Prozent Christen, sind es heute unter 20; die anderen sind Muslime, mit steigender Tendenz.

Aber egal wie es ist und wie man es im einzelnen in Angst oder Ratlosigkeit empfindet: wenn du dann durch die *berühmte niedrige Pforte – also gebückt* – in die Geburtskirche trittst, *bemächtigt dich wieder der Glaube und die christliche Religion.*
Die Religion bemächtigt sich deiner.
Vollends, wenn du dann nach der üblichen Wartezeit in *die Grotte der Christgeburt* hinabsteigst.
Alle kritischen Beigaben des Studiums und historischer Fragwürdigkeit rücken weit weg. Und du fängst mit an zu singen und zu beten. Manche knien, viele stecken die dünnen Kerzen in Sandgefäße.

Was ist es nur mit diesem *Bethlehem*?
Was wird dort *verortet*, was hat dort die Welt – und Schwestern und Brüder wie auch mich - so berührt?
Was ist es, das die Weihnachtsgottesdienste bei uns oder in jenem fernen Ort mitten in einem schier unlösbaren Konflikt ausmacht?
Was ist das Geheimnis der Weihnacht?

Mit Recht laden so gefühlsbetonte Zeiten wie das Weihnachtsfest immer zur Besinnlichkeit ein. Wir sind uns wohl schnell einig, dass das mehr als Gemütlichkeit und Heimlichkeit, Heimatgefühl, Familiensinn meint, auch wenn das nie ganz zu trennen ist.
Versuchen wir uns einmal zu be-sinnen. Das meint ja rück-be-sinnen, also Erinnerung.

Ganz wesentliche Erfahrungen unseres Lebens hängen mit Weihnachten zusammen. Ich höre noch die Erzählungen der Großeltern und Eltern von Krieg und Flucht und wie man sich zu Weihnachten nach Hause sehnte. Und ich erinnere mich an frühe

Kindheitstage, die Stube zu Hause und wie du besonders durch die kirchliche Arbeit in der Kurrende und den Krippenspielen berührt wurdest.
Da steht der kleine Junge und ist erst ein kleiner Engel, später ein Hirte, dann sogar Joseph oder ein König. Oder er darf mit schlotternden Knien vor einer riesigen Gemeinde die Weihnachtsgeschichte lesen:
Es begab sich aber zu der Zeit, dass ein Gebot von dem Kaiser Augustus ausging….

Ich kann bis heute den Text auswendig.
Wie auch den der meisten Weihnachtslieder. Dann steht dort der Heranwachsende und singt das ´Weihnachtsoratorium´ von Bach mit.
Irgendwas geschah da in meiner Seele.

Paul Gerhardt hat es für mich unverwechselbar und eindeutig beschrieben:
Oh Sonne, die das werte Licht des Glaubens in mir zugericht, wie schön sind deine Stahlen. /
Ich sehe dich mit Freuden an und kann mich nicht stattsehen, und weil ich nun nichts weiter kann, bleib ich anbetend stehen./
Oh dass mein Sinn ein Abgrund wär und meine Seel´ ein weites Meer, dass ich dich könnte fassen.

Da hat in der Seele ein Funkte gezündet, da wurde Licht und Wärme entfacht von der ich sehr genau sagen kann, dass sie von außen, nicht selbstgemacht dorthin kam. Es ist so. Aber du kannst es irgendwie nicht fassen. Es bleiben die Abgründe deiner Sinne und das Meer deiner Seele. Man möchte es fassen; aber es ist wohl eher umgekehrt: es erfasst dich.

Es ist so groß, weil es so klein ist.
Und du Bethlehem Efrata, die du klein bist bist unter den Städten in Juda, aus dir soll mir kommen, der in Israel Herr sei, dessen Ausgang von Anfang und Ewigkeit her gewesen ist.

Der große, unfassbare Gott will sich im Kleinen zeigen. Nicht in der Hauptstadt nahe dem berühmten Tempel, sondern nebenan in einem elenden Dorf, in einem Stall, durch bettelarme, obdachlose Leute kommt er zur Welt. Gott zeigt sich unter seinem Gegenteil.
Der ganz Große wird ganz klein.
Und das wird sich noch in die Tiefe steigern: im Niedergang: bis an das Kreuz, in den Tod geht der, dessen das Leben ist.

Wieso ergreift so unsagbar viele Weihnachten, wieso geht dir in einer konfliktträchtigen Stadt auch heute das Herz auf und nicht die Klappe runter vor Ratlosigkeit?
Weil wir wohl nur zu genau wissen, mindestens ahnen, dass es mit uns auch so ist.
Noch nie waren wir besser mit Essen und Trinken, Technik und Fortschritt, Wissenschaft und Hochleistungsmedizin ausgestattet,
aber nichts hat sich geändert an unserer Angst, an der letzten Ratlosigkeit gegenüber unserer menschlichen Existenz.

Vor Weihnachten mache ich mir seit einer eigenen Krise immer einen Zettel, wo ich Namen darauf schreibe, die ich besuchen will.
Auch dieses Jahr war es wieder so.
Es ist mein 18. Weihnachten hier. Vor 15 Jahren waren einige der dieses Jahr Besuchten noch ansehnliche Menschen; richtige starke Männer mit Ausstrahlung und Geschick; oder schöne, kluge Frauen mit großartigen Gaben. Ich dachte bei manchem Besuch:
Einige sind jetzt stark gealtert, manche gesundheitliche, einige seelische Wracks. Du ahnst jedenfalls: die guten Lebensjahre sind gelaufen. Viele, die damals noch ansehnlich waren gestalten ihr Leben sozusagen auf niedrigem Niveau, sehr eingrenzt in ihren Möglichkeiten. Mitunter ist ihr Radius ihre Wohnung, manchmal ihr Bett und einige wenige verbliebene wertvolle Menschen.
Andere sind ganz allein.

So ist das mit uns Menschen.

So oder so ähnlich wird es einmal mit jedem, auch dir und mir.
Wir wissen es, unabhängig davon, ob wir es wissen wollen, was wir manchmal nicht können, weil wir verdrängen. Das ist überaus verständlich, hilft aber nicht.
So ist das mit uns Menschen. Es wird weniger, kleiner, ganz klein.

Und du Bethlehem Efrata, die du klein bist bist unter den Städten in Juda, aus dir soll mir kommen, der in Israel Herr sei, dessen Ausgang von Anfang und Ewigkeit her gewesen ist.
Ob wir´s so sehen können: Wir sind Bethlehem, wir selber.
Zu Weihnachten hat uns der Heilige Geist nicht nur das Wissen um unsere Kleinheit, sondern die Botschaft, dass im Kleinen, im ganz Kleinen, in diesem Bethlehem, im hintersten Winkel, in der der geschädigten Seele und dem verbrauchten Körper, dem sehr begrenzten Raum Gott selber ankommt.
Gott kommt in das *kleine Bethlehem*.
Gott kommt in die Beschränkungen, in den Mangel, das Kleine.
Dort ist er zu finden. Das ist der christliche Glaube, der ähnlich einem Samenkorn oder einem Funken irgendwann in dir etwas gebiert.
Gebe es Gott, dass es schon in der Kindheit ist, was dann später seine *Frucht* entfaltet, dort wo es wie verdorrt ist.
Dort ist Frucht, innere Nahrung in der Wüste, in der Kälte, in der Finsternis.
Dort zünden wir die meisten Kerzen an. Dort, nicht im prallen Frühjahr und Sommer. Dort, wo wir an Bethlehem denken.

Der Ortsname Bethlehem wird in dieser uralten Verheißung und später auch in der neutestamentlichen Sprache meist mit dem Doppelnamen *Bethlehem Efrata* genannt.
Das bedeutet: *du fruchtbares Bethlehem.*
In der Tat ist diese Gegend sehr fruchtbar.
Die Bibel überträgt das auf unsere Seele. Das kleine Bethlehem ist für uns fruchtbar, zur Frucht des Lebens geworden.
Gott ist dort zu dir gekommen.

In dieser Enge, in diesem Mangel ist er für dich da, damit dir das Entscheidende nicht mangelt und genommen werden kann:
Glaube, Hoffnung und Liebe.
Ich wünsche euch allen ein gesegnetes Christfest 2010.
Amen.

Predigtlied: EG 37.1-4, Ich steh an deiner Krippen hier....

Das heilige Spiel

Predigt über Matthäus 2.10-12 Epiphanias 2011

Als die Weisen den Stern sahen, wurden sie hocherfreut und gingen in das Haus und fanden das Kindlein mit Maria seiner Mutter,
fielen nieder und beteten es an und taten ihre Schätze auf
und schenkten ihm Gold, Weihrauch und Myrrhe.

Mit diesem Abend geht die Weihnachtszeit zu Ende.
Streng liturgisch betrachtet dauert sie noch bis zum 2.Februar.
Manche Städte im Erzgebirge lassen bis zu *Maria Lichtmess* –
da hält man in katholischen Gegenden noch einmal eine Lichterprozession ab – die Lampen brennen.
Wir hier schalten sie heute Nacht aus. Für beide Varianten gibt es für und wider. Mir ist die kürzere auch irgendwie näher.
Es waren fast sieben Wochen analog der Passionszeit, die ihre Besonderheit haben. Nun ist es auch wieder gut.
Wir schließen mit *Epiphanias*, einem der höchsten Feste der frühen Christenheit, Weihnachten sinnfällig ab.
An diesem Abend schauen wir noch einmal zurück.
Was war diese Advents- und Weihnachtszeit diesmal?

Unter dem langsam welkenden Tannenbaum zu Hause liegt auch bei uns noch ein Teil der Geschenke.
In den nächsten Tagen werde auch ich mit meiner Frau zu Hause aufräumen. Manches Buch findet dann im Regal seinen Platz oder hat schon im Kopf sein Fach, einige Schnitzerein sind auch dabei.
Manches wird dir erst beim Aufräumen richtig bewusst.
Was hat man sich nur alles geschenkt!
Je älter und reifer man wird, wird einem mehr das Symbolische wichtig.
Gegenstände besitzt man genug.
Das wissen sicher die meisten und sind ratlos.

Manche Leute weichen mittlerweile auf die Gutscheinmethode aus. Man soll sich selber sein Geschenk suchen. Ich finde das immer irgendwie nicht so schön, auch wenn es natürlich sehr praktisch ist.

Der Brauch, Weihnachten Geschenke zu machen hat für unseren Kulturkreis seine Breitenbedeutung erst langsam seit der Reformation um Martin Luther entwickelt. Bis dahin überreichte man meist nur den Kindern am Nikolaustag Geschenke.
Luther setzte dann an die Stelle des Heiligen Nikolaus Christus selber.
Also gab es die Geschenke dann zum Christfest.
Aber auch nur für Kinder, weil Christus selber Kind war.
Unsere heutige Praxis, dass sich alle Familienmitglieder und Freunde beschenken, hat erst mit der mächtig gewordenen Tradition der Familienfeier im 19. Jahrhundert als „Fest aller Feste" Einzug gehalten.
Aus dem entwickelte sich dann das heutige Weihnachtsgeschäft.

Ich bin mir sicher, dass zu einer guten Deutung unseres Schenkens wieder der Blick in die Bibel hilft. In ihr finden wir Sinn- und Deutefragen beantwortet. Was bedeutet etwas?
Und wann wird etwas bedeutungslos?

Die ersten Weihnachtsgeschenke bringen die drei Könige:
Gold, Weihrauch und Myrrhe.
Ich kann mich noch sehr deutlich an meine Krippenspielauftritte in der Kindheit- und Jugend erinnern. So etwas vergisst man nie im Leben, selbst wenn die einzelnen Stücke nicht besonders gehaltvoll sein mögen.
Ich war auch ein paarmal König. Dazu gab es auch in meiner Heimatstadt einen großen Fundus an Königsmänteln und Kronen, wie für die Hirten Pelze und die Engel präparierte Bettlaken.
Sehr deutlich sehe ich noch die blechernen Keksschachteln aus Westdeutschland vor mir. Meine Mutter wählte immer ein besonders schönes Exemplar aus, wenn ich König war. Heute kann man das überall für wenig Geld kaufen.

Damals gab´s im Osten so etwas Schönes, wie diese Schachteln, nicht. Wir Könige gaben uns schon Mühe, hervorragende Büchsen zur Krippe zu tragen. Überdies lag innen drin – für den Notfall! – der Spickzettel für die Sprüche.
Ich kann mich nicht erinnern, dass mir das Ganze einmal irgendwie lächerlich vorkam. Nein, man wollte einfach etwas wirklich Schönes darstellen: *Die Geburt des Herrn*, *ein heiliges Spiel* sollte es sein.

Ein heiliges Spiel.
Das ist es immer noch. Ja, auch ein Spiel.
Natürlich hat das etwa mit Dramaturgie, mit Sprechkunst, eben mit Theater zu tun. Und es geht auch in der Kirche ganz schnell und du kannst die wertvollste, heiligste Sache zerstören, wenn es nur lieblos herunter gespult wird. Kein Theater würde so überleben und wir als Kirche mit Weihnachten auch nicht.
Die Verantwortung, die Liebe, der Sinn gehört sozusagen dazu.
So erzählt es auch die Bibel. Wie ein *Kunstwerk.*
Die Weihnachtsüberlieferung mit den Hirten, Engeln und den drei Königen ist ein *Kunstwerk*, das uns die Evangelisten *Lukas* und *Matthäus* durch Gottes Geist schufen.
Und dabei müssen die Könige etwas in Händen haben. Das muss dazugehören.
Darin muss etwas versteckt, verborgen, mit gesagt und gezeigt sein. Die Geschenke der drei klugen, weitgereisten Männer verschmelzen mit der Jesus-Geschichte.

Es bedarf nicht langer und breiter Erklärungen. Die meisten werden die wahrscheinliche Bedeutung von *Gold, Weihrauch und Myrrhe* wissen: Es sind alles *königliche, ehrwürdige, hoheitliche Symbole*.
Gold, der durch die Zeiten bleibende Wert, was bis heute wirklich so ist. Könige hatten darauf ein Vorrecht.
Weihrauch war sowohl für religiöse als auch kosmetische Verfahren wichtig. Ein erhebender Duft war das, der alles erfüllte und dem damals

auch reinigende Wirkung zugeschrieben wurde. Um Weihrauch wurden sogar Kriege geführt, so edel und teuer war das Gut.
Und schließlich *Myrrhe*, aus einer Baumrinde gewonnen, konnte es Wunden heilen, sogar in Rausch versetzen – und noch mehr!
Hier erschließt sich die christliche Bedeutung erst:
Myrrhe war der teure Balsam, den man Toten auf ihrem Weg zur Beerdigung mitgab. Myrrhe, mit dem hier das Jesuskind beschenkt wird, wird später von den Freunden Christi für den toten Körper des Gekreuzigten verwendet.
Diese Hoheit wird *besonders beschenkt;* schon bei der Geburt für seinen Tod. Unzweifelhaft ist das eines der Motive des Matthäusevangeliums.
Dieser König ist gekommen um zu sterben.

Ich fand es schon damals in der Kindheit und Jugend so gut, dass uns unser Pfarrer und unser Kantor immer auch wieder auf den geistlichen Gehalt der Symbole der Lieder und Texte hinwiesen.
Das müssen wir auch heute dringend tun!
Wir müssen wissen, was wir tun! Irgendwie ahnten wir schon als Kinder, ohne alles zu verstehen: das ist etwas Besonderes, Einzigartiges.
Und ich darf in diesem heiligen Spiel mitwirken.

Bis heute ist das für mich die einzig mögliche Haltung, Weihnachten mitzugestalten.
Natürlich können wir das nicht ideologisieren, als wenn jemand beurteilen könnte, wer echt oder wer nur gespielt mitmacht.
Ich habe auch als kleiner Hirte und Engel an meine gerade geschenkte Feuerwehr zu Hause gedacht. Und die Engel vor wenigen Tagen waren bestimmt auch ganz stolz, sich für Mutti und Oma zu zeigen. Das ist völlig normal.

Aber es ist eben auch so wichtig, uns alle – möglichst von der Kindheit

an – in das heilige Spiel mitzunehmen. Wir spielen und zeigen etwas, das uns unmittelbar angeht.
Selbst in noch so flache und oberflächliche Weihnachtsmärkte hinein hat sich in den Menschen wenigstens eine Ahnung von etwas Besonderem erhalten.
Deswegen suchen wir alle Geschenke aus.
Wir müssten ja auch nichts schenken.
Wir könnten auch Weihnachten ausfallen lassen; und Ostern auch; wir bräuchten vor keiner Geburt und Kindheit, vor keinem Sterben und Tod mehr Notiz zu nehmen.
Wir könnten unser Leben ableben, wie einen Fahrplan.
Aber das wäre die Hölle auf Erden.
Und so ist – selbst dem Glaubensfernen – der Himmel plötzlich etwas auf. Irgendetwas ist doch da?

Ja, da ist alles!
In dieser Geschichte der Geburt Jesu ist unsere Geschichte enthalten.
Er ist für uns gekommen, um uns nie mehr zu lassen, nicht einmal wenn wir alles lassen müssen.
Ich hoffe, auch ihr hattet eine gesegnete Zeit. Heute Nacht löschen wir die Lichter. Der Stern wird uns noch eine Weile begleiten, wie einst die drei Männer aus dem Osten.
Und bald werden wir wieder fragen und hören, was es bedeutet, dass dieses Kind zum Sterben kam, nämlich um uns zur Auferstehung zu geleiten.
Nehmen wir so gut es geht das aus dieser Zeit mit. Gott helfe uns dazu Amen.

Predigtlied: EG 44.1-3, Oh du fröhliche....

Aufgeklärt und fromm

Predigt über Johannes 1.43-45 Sonntag nach dem Christfest 2011

Am nächsten Tag wollte Jesus nach Galiläa gehen und findet Philippus und spricht zu ihm: Folge mir nach!
Philippus aber war aus Betsaida, der Stadt des Andreas und Petrus.
Philippus findet Nathanael und spricht zu ihm: Wir haben den gefunden, von dem Mose im Gesetz und die Propheten geschrieben haben, Jesus, Josefs Sohn, aus Nazareth. Und Nathanael sprach zu ihm:
Was kann aus Nazareth Gutes kommen!
Philippus spricht zu ihm: Komm und sieh es!

Es gehört zu den wichtigen, ja manchmal überlebenswichtigen Eigenschaften, kritisch und skeptisch zu bleiben. Stellen wir uns einmal vor, wir wären in unserem Leben wirklich jedem Rat oder gar jeder Werbung, jedem Versprechen gefolgt, vermutlich wären wir nicht mehr am Leben.
Wir müssen es lernen zu wägen, zu hinterfragen, sich selbst ein Bild zu machen. Diesen lebensnotwendigen Vorgang nennt man auch *Aufklärung.*
Einer der wichtigsten theoretischen Aufklärer der Geschichte war der evangelische Christ und Gelehrte aus dem ostpreußischen Königsberg Immanuel Kant. Einer seiner glasklaren Sätze lautet ganz einfach:
Habe den Mut, dich deines eigenen Verstandes zu bedienen.
Das sollte später der Wahlspruch der „Aufklärung“ werden.
Mit Kant und anderen kritischen Geistern unseres Kulturkreises wurde Aufklärung nicht nur eine befreiende Methode, sondern eine ganze Epoche, die auch die Kirche durchlaufen musste und dort ziemlich massiert, ja teilweise operiert wurde, wie noch nie in ihrer 2000jährigen Geschichte.
Manche Christen, Kirchen und Gemeinden haben den Prozess bis heute noch nicht durchgestanden. Oft hört man etwa auch die These, dass die islamische Religion noch vor dieser Auseinandersetzung

steht. Da hören wir, dass Frauen gesteinigt werde sollen, wenn sie angeblich oder tatsächlich bestimmte unmoralische Dinge getan haben. Das ist nicht nur furchtbar, es ist unaufgeklärt.
Ein vormittelalterliches Rechtssystem wird schlicht auf die Gegenwart angewandt. Und das heißt: es hat keine Entwicklung stattgefunden.
Nicht der Islam an sich ist ein Problem, denn es gibt wie in allen Religionen gute und schlechte Leute, sondern seine unkritische, meist fanatische Benutzung durch sehr viele Anhänger. So ist hauptsächlich diese Religion ein Tummelplatz für Terroristen, Ehrenmorde, Steinigungen und anderes geworden. Ich will das aber heute nicht vertiefen.

Die christliche Kirche hat weithin gelernt: Es gehört zu den wichtigen, ja manchmal überlebenswichtigen Eigenschaften, kritisch und skeptisch zu bleiben. Das konnten wir deswegen lernen, weil unsere Grundtexte das schon beinhalten.
Unsere Mütter und Väter im Glauben haben uns mit der Botschaft von Jesus Christus als dem Herrn und Heiland der Welt, das **Vermögen der Unterscheidung** als Gabe des Heiligen Geistes geschenkt.
Ich könnte jetzt viele solcher Unterscheidungen auflisten:
Laß´ dich nicht vom Bösen überwinden, sondern überwinde das Böse mit Gutem! so die neue Jahreslosung.
Dahinter steht ein Unterscheidungsprozeß: eben sich selbst kritisch zu prüfen.
Oder *man soll dem Kaiser, dem Staat geben, was dem Kaiser ist, aber Gott, was Gottes ist.* Natürlich soll und kann ein Christ in der normalen Welt leben und ist Teil eines Gemeinwesens; aber er soll eben unterscheiden, kritisch sein. Manche Dinge stehen dem Staat zu, andere, wie unser Gewissen, nicht!

Im Predigttext heute geschieht dasselbe.
Eine der Besonderheiten des 4. Evangeliums ist es, dass dort die Berufung der Jünger nur von Jesus angestoßen wird und sie sich dann

untereinander rufen. Hier wird *Phillipus* von Jesus zur Nachfolge eingeladen und er gibt das unmittelbar an *Nathanael* weiter.
Überdies kommt dieser Jüngername auch nur im Johannesevangelium vor; es könnte sich um den *Batholomäus* der anderen drei Evangelien handeln; aber wir wissen es nicht ganz genau; manches spricht auch dagegen.
Vielleicht merken wir schon an solchen Namen und Begriffen:
der biblischen Überlieferung kommt es nicht darauf an, wie sich etwas nun wirklich historisch zugetragen hat, sondern wie durch die Erzählung und die Aussage Glauben an Jesus geweckt werden soll.
Die Geschichten öffnen sich sozusagen auf uns, den Hörer hin.

Und nun vollends durch das erzählte kritische Motiv:
Phillipus wird ganz begeistert Nathanael von Jesus berichtet haben und möchte ihn mitnehmen. Man kann sich das gern bildlich ausmalen, wie er erzählt und schwärmt; das ist doch schön mit Jesus, da muss Nathanael einfach mit.
Aber denkste! Der ist skeptisch.
Er fragt kritisch zurück. Das kann er gar nicht glauben.
Seine Frage lautet: *Was will schon aus Nazareth Gutes kommen!*
Wir wissen sehr genau, warum Nathanael diese Frage stellt, ja stellen muss, da kann ihm Phillipus erzählen was er will.
Nazareth kannte damals kein Mensch.
Es war ein winziges Dorf von ca. 100 Wohnhöhlen, die man später ausgrub und die sich heute unter der sog. Verkündigungskirche in Nazareth befinden. Erst durch die Bibel ist die Stadt Nazareth ein weltweiter Begriff geworden.

Damals war das ungefähr so, als wenn in einer starken Volksbewegung, die die Jesusbewegung zweifelsfrei war - sagen wir heute z.B. im Fußball – jemand kommt und sagt:
Ich habe hier einen hochbegabten Spieler aus unserem Nachbardorf Lindenau. Die Manager der Bewegung Fußball würden auch skeptisch fragen. Was soll denn das sein? Kennt jemand das Dorf?

Ja, wenn einer aus den großen Vereinen käme: Bayern München, FC Barcelona oder vom Bundestrainer Löw empfohlen würde, ja dann.... Wir verstehen das Problem.
Es ist so normal, so selbstverständlich.
Oder anders gesagt: die Bibel holt uns wieder einmal im Alltag ab.
Nicht weil dir einer nur etwas berichtet und erzählt wird, ist es wahr, sondern nur aus eigener Erfahrung.
Du braucht eine persönliche Berührung mit Jesus.

Ganz schlicht kann man sagen, wie es auch im Evangelium nun geschieht: *Komm und sieh!*
Phillipus lädt Nathanael nun ein, sich selber ein Bild zu machen, selber Jesus zu begegnen. Hier haben wir den Schlüssel zum Ganzen:
Glaube muss dich immer persönlich ergreifen. Er ist nicht oder nur sehr bedingt vertretbar. Vertretbar wird er manchmal darin, wenn du ganz schwach bist und bittest, dass andere für dich beten. Dann trittst du in den Glauben der Kirche ein.
Aber ohne persönliche Begegnungmit Jesus Christus selber, wird nichts bleiben. Denn wir sind – mit Recht – wie wir gesehen haben, von Natur aus skeptisch. Wir müssen es sein, um nicht Menschenverächtern auf den Leim zu gehen. Deswegen müssen biblische Menschenfischer anders sein, wenn sie uns erreichen wollen.

Mit diesem Bibelwort stehen wir ganz am Anfang des neuen Jahres wie vor einer Herausforderung. Wir alle sind irgendwo, irgendwann, sei es in wenigen Augenblicken oder durch längere Entwicklungen, persönlich in den Glauben eingetreten.
Jesus Christus hat uns erreicht; uns bedeutet er etwas.
Das haben andere so noch nicht erlebt.
Wir brauchen mit anderen Worten eine menschenfreundliche Kirche, die Menschen fischen will, weil sie überzeugen will im Wort der biblischen Predigt und noch mehr in der Tat.

Ich meine, auch bei uns gibt es ein viel zu großes Maß an Selbstgefälligkeit. Wahrlich hat die Kirche hier bei uns eine hohe öffentliche, ja kulturstiftende Bedeutung. Aber das sagt noch gar nichts für die normalen, einfachen Leute.
Natürlich ist das alles schön und wichtig und natürlich sind das auch die Talente, mit denen wir wuchern können.
Der Kern aber ist der persönliche Glaube. Und der kommt nur aus persönlichem Glaubenszeugnis und menschlicher Zuwendung:
Komm, komm mit, sieh´ selber, ich begleite dich.
Schau hin, was hat dir Christus, die Bibel, seine Gemeinde innerlich zu geben; dir uns deinen Kindern in unübersichtlicher Zeit, oder wenn du schwach bist, nicht mehr durchsiehst und dir alles zu viel wird.

Da ist Jesus Christus da. Und da sind einige seiner Freundinnen und Freunde, die verlassen dich nicht, die fragen nach, die kannst du anrufen, die haben nicht die Nase voll, sondern das Herz weit.
So wird Kirche und Gemeinde. Anders nicht, steht heute in der Bibel für uns Menschen, die wir mir Recht skeptisch sind und bleiben sollen.
Hoffentlich aber nicht abgeschlossen und zynisch, sondern fragend und offen für unser eigenes Leben und das unserer Mitmenschen.
Ich wünsche uns ein gesegnetes neues Jahr. Amen.

Wenn ein Kind stirbt

Predigt über Johannes 4.46ff 3.Stg.n.Epiph. 2011

Und der Mann sprach: Herr, komm herab, ehe mein Kind stirbt!
Da spricht Jesus zu ihm: Geh hin, dein Sohn lebt!

Die meisten von uns, auch mich, trifft es mitten in´s Herz, wenn ein Kind stirbt. Die Beerdigungen von Kindern und jungen Leuten, die ich in meinen über 25 Jahren Pfarrerleben schon halten musste, haben sich in die Erinnerung eingebrannt: der Schmerz, die Verzweiflung, das pure Grauen der Eltern, Großeltern, Tanten, Freunde, die dich beim Predigen anschauen und du sie. Ich kann mich an Flucht- und Angstgefühle in solchen Augenblicken erinnern. Wenn es nur erst vorbei wäre! Und dann kommt noch der Moment, wo der Sarg - bei kleinen Kindern ist er weiß - versenkt wird.
In keinem dieser Momente kann ich mich erinnern, glaubensstark - wie das berühmte Lutherdenkmal vor der Frauenkirche - gewesen zu sein.
Gott sei Dank darfst du von Jesus Christus und der Auferstehung predigen. Aber im Augenblick des Geschehens ist es nur furchtbar.

Noch einmal wird das Drama gesteigert, wenn ein Kind von seinen Eltern getötet und wie jetzt in unserer Nachbarstadt in einem Container des Roten Kreuzes abgelegt wird, wie ein altes Kleidungsstück.
Oder wenn Kinder furchtbar missbraucht, gequält werden und entweder sterben oder ihr Leben lang mit dem Trauma des Erlittenen gezeichnet werden. „Todesstrafe für Kinderschänder" – in altdeutscher Druckschrift fahren gar nicht so wenige mit ihren Autos damit draußen herum.
Das Ganze ist nachweislich ein Werbefeldzug der neuen Nazis, die ganz geschickt auf Gefühle eingehen, die in uns allen tief drin stecken und von der Natur des Menschen geweckt werden, wenn es um Kinder geht.
Da beginnt ein uraltes Moralempfinden in wohl jedem Menschen zu glühen, wie Kohle.

Ich könnte lange noch weiter solche Phänomene beschreiben.
An ein Gefühl in mir – gerade in meinem Amt als Pfarrer und Prediger – kann ich mich bei solchen Anlässen aber auch sehr deutlich erinnern: Es tut regelrecht gut, nicht alles mit eigenen Worten ausdrücken zu müssen und sich krampfhaft Gedanken zu machen, sondern sich sozusagen hinter Texten der Bibel und den alten Chorälen (auf der Tiefe sind es wirklich meist die alten!) wie „verstecken" zu können.
Es tut z.B. auch regelrecht körperlich gut, in der Anspannung unter einem Talar zu stecken. Das wirkt wie eine Hülle.
Du bist gewiss ganz Mensch, aber doch auch eine Amtsperson, die im Auftrag der Kirche spricht. Nichts lässt dich von dem Grauen kalt, aber um dich ist bergend der Glaube und der Auftrag der Kirche, das Wort Gottes zu sagen.
Von außen, nicht aus deinem Herzen, deinem Gefühl, deinem Können, sondern von außen wird dir im Wort und im Zeichen, im Symbol Hilfe zuteil. Und wie oft habe ich schon erlebt: dadurch auch den geschundenen Trauernden.
Du darfst ihnen gewiss als Mensch nahe sein, aber bist zugleich wie umhüllt von etwas, das nicht von dir abhängt, sondern schon vor dir da ist und auch nach dir da sein wird.
Kurzum: es findet so etwas, wie eine Klärung statt, die dich schützt und das Chaos der Gedanken und Gefühle ordnet.

Genau das geschieht heute in unserem Predigttext und zwar auf die typisch *johannäische* Weise.
Vielleicht haben manche von euch bei Texten des vierten Evangeliums auch den spontanen Eindruck, dass sie eine deutliche Spur kühler sind, als etwa die herzergreifenden Passagen bei Lukas. Denken wir dabei nur an die Weihnachtsgeschichte, die Marienüberlieferung u.a. Johannes bringt an dieser Stelle eine geradezu harte Denkaufgabe: *„Am Anfang war das Wort und das Wort war bei Gott und Gott selbst war das Wort.* Und später hören wir noch, das
das Wort Fleisch wurde..." Und am Kreuz übergibt Jesus erst seine Mutter zur Adoption und wird dann siegend sagen: *Es ist vollbracht.*

In den anderen Evangelien wird er zum *Vater schreien, der ihn verlassen* hat. Jeder spürt die Unterschiede.

Genauso erzählt auch unser Text von der eingangs beschriebenen wohl größten menschlichen Not, wenn ein Kind stirbt.
Machen wir uns ein wenig klar, was hier geschieht:
Zuerst tritt Jesus dem innerlich geschundenen Mann, der Todesangst um sein Kind hat, wie ein *Lehrer* gegenüber: *Wenn ihr nicht Zeichen und Wunder seht, glaubt ihr nicht.*
Das ist eben kühl. Ich würde wohl kaum so in der Seelsorge reden können. Die Diskussion, was Zeichen und Wunder können, ist bis heute zwar spannend. Aber dem Mann geht es nicht um religionsgeschichtliche Phänomene, sondern um sein Kind.
Herr, komm´ herab, ehe mein Kind stirbt!
Wir erleben eine Verschärfung. Die Zeit drängt. Komm schnell!
Wir spüren die Not. Es ist ein Flehen.
Und nun, fast wie ein Befehl, ein Kommando, spricht Christus:
Geh hin – was meint: geh alleine hin - *dein Sohn lebt!*
Uns begegnet bei Jesus eine eigentümliche Kühle.

Nun wird das alles entscheidende Schlüsselwort genannt:
Der Mensch glaubte dem Wort...
Was in ihm vorgegangen ist, können wir nur ahnen. Er wirft sich vor Bedrückung Christus regelrecht an den Hals.
Präzise, wie ein Uhrwerk, erzählt der Evangelist aber weiter von einer Zeitmessung: *genau zu der Stunde, als das Wort gesagt ward, wurde das Kind gesund.* Nun würde man eigentlich einen Jubel, einen Dank, eine Emotion erwarten. Aber nein, kein Gefühl!
Es wird nur lapidar festgestellt, dass jener Beamte nun *mit seinem ganzen Hause glaubte.*
Dabei ist mit Sicherheit seine ganze Familie, die Angestellten und die Kinder gemeint. Mit Sicherheit haben dort auch Taufen, vermutlich auch Kindertaufen, stattgefunden.

Johannes will zeigen, dass die Vollmacht des Wortes Christi die Kirche bildet; und es beginnt wie immer *bei der Hauskirche,* in einer *Familie.*

Und noch ein Letztes: wie eine Art Protokollführer schließt Johannes, *das dies nun das zweite Zeichen* war. Es werden am Ende die symbolischen *sieben Zeichen* sein, die bis hin zur *Auferweckung eines Toten, Lazarus,* gehen. Es wird sich bis zur Auferstehung steigern.

Es ist die Kraft des Heiligen Geistes, die das Neue Testament hervorbrachte, aber in Gestalt von Menschen, die auf ihre Weise auf Christus blicken. Es ist kein Mangel, sondern Reichtum, dass das auf unterschiedliche Weise geschieht und dadurch die Person und das Heilswerk Jesu Christi deutlich werden.
Bei Johannes, dem letzten unserer vier Evangelisten, ist dieser Glaube sozusagen in sich selbst vollendet und die Gemeinde des Herrn auf diesem ewigen Fundament errichtet.

Kehren wir Ausgangspunkt zurück: zu menschlichen Schicksalsschlägen und Katastrophen, zu furchtbarer Schuld und Versagen; auch dem Versagen, dass wir oft nicht genau hinsehen, wenn Menschen leiden und überfordert sind, wir nicht nachfragen, hingehen, anrufen usw. In welcher Verzweiflung müssen manchmal gerade junge und werdende Mütter sein; wie oft von allen verlassen.
Gerade auch von Männern! Das rechtfertigt keine einzige Tat und jede muss vor dem Gesetz gesühnt werden; aber deutlich ist doch immer wieder: wir brauchen mehr Mitmenschlichkeit, soziale Kompetenz.
Es ist so unendlich wichtig, diese Aufmerksamkeit schon in den Schulen herauszubilden. Natürlich sollen unsere Kinder gut rechnen lernen und mit dem Computer umgehen können.
Aber sie müssen es auch lernen, über ihre Gefühle reden zu können.
Viele menschliche Katastrophen hätten so verhindert werden können.

Aber wie geschieht das? Sagen wir ganz einfach:

Mit einem Stück mehr Abgeklärtheit. Wenn ich es lerne nüchtern, am Tageslicht, mit Abstand von inneren Wahrheiten zu reden wird es leichter. Hier sind Elemente eines therapeutischen Prozesses integriert: man schaut klarer darauf!

Es ist – ich nuanciere – der *johannäische Prozeß.*
Hier wird auch darauf geschaut!
Es wird dadurch besser, in dem vom Retter geredet wird.
Jesus Christus tritt ein, und zwar in seiner Person und seinem Werk.
Ganz gewiss ist auch der solidarische und mitleidende Christus Gegenstand der Heiligen Schrift, aber er ist eben letztlich *der Erlöser*, wie man früher so wunderbar sagte und ich es zunehmend wieder liebe: *der Heiland. Er heilt als Herr.*
Er steht schon darüber.
Wie ich mich in auch für mich furchtbaren Momenten im Bilde gesprochen unter meinem Talar verstecken kann und mich tatsächlich zuerst hinter das ewige Wort Gottes zurückziehen darf, so ist Jesus für uns alle da. Er hat schon alles verwandelt. Gott hat schon gehandelt
Und so soll er den Menschen auch gepredigt werden – *im Wort und im Zeichen:* es gibt einen der größer ist als alles.
Einer ist schon durch. Hinten ist Licht.
Du denkst nur, die Finsternis regiert; nein: *Das Licht schein in der Finsternis und die Finsternis hat´s nicht ergriffen,* schreibt auch Johannes später.

Wir müssen mehr vom Licht reden, das im Angesicht Christi über uns leuchtet. Dadurch werden wir nüchterner, im guten Sinne kühler, um wärmer für Menschen zu werden. Wir werden klarer, weil nicht mehr wir alles müssen, sondern er alles kann und auch tun wird, unabhängig von Zeichen und Wundern.

Es ist, wie in unserer so nüchtern erzählten Geschichte eines hochbewegten Vorgangs, der Glaube, der rettet – und zwar der Glaube an den, der der Heiland aller sein will, wie er schon der Herr der christlichen Kirche und Gemeinde ist. Amen.

Predigtlied EG 66. 1 und 8

Ich bin da

Predigt über 2.Mose 3.1-14   Letzter Sonntag n. Epiphanias 2011

Und Mose sprach zu Gott: Wer bin ich, dass ich zum Pharao gehe und führe die Israeliten aus Ägypten? Gott sprach: Ich will mit dir sein. ....
Da sprach Mose: Siehe, wenn ich zu den Israeliten komme und spreche zu ihnen: Der Gott eurer Väter hat mich zu euch gesandt!
und sie mir sagen werden: Wie ist sein Name? Was soll ich ihnen sagen? Da sprach Gott zu Mose: Ich werde sein, der ich sein werde.
Und sprach (weiter): So sollst du (ihnen) sagen: (Der) „Ich werde sein" hat mich zu euch gesandt.

Jeder Text hat ein Kontext, einen Mittext; gemeint ist ein Hintergrund, der einen Text, etwas Geschriebenes oder Gesprochenes erst verständlich macht.
Gerade war Halbjahreszeugnisausgabe in den Schulen. Denken wir uns folgendes Beispiel: Eine Mutter sagt zu ihrem Kind: ´Ich freue mich aber über dein Zeugnis´. Abends kommt ein Onkel, der lange nicht da war und das Kind kaum kennt; er liest das Zeugnis und sagt:
´Das sind aber gar keine guten Noten.´
Beide Aussagen sind Texte, die aber nur in einem Kontext verstanden werden können. Die Mutter kennt natürlich ihr Kind und weiß, dass die „Drei" in Mathe eine großartige Leistung ist. Die Mutter treibt Liebe und Fürsorge. Der Onkel lebt in einem anderen Umfeld.
Vielleicht gehört er zu den Rechenkünstlern.
Für die ist eine „Drei" ganz schlimm.
Wer hat nun recht? Ganz klar die Mutter, denn sie kennt und sieht die Note in ihrem tatsächlichen Umfeld.

Wir hören heute einen der *bedeutendsten Texte des Alten Testamentes* zum Abschluss des Weihnachtsfestkreises am Letzten Sonntag nach Epiphanias. Für die Juden hat dieser Bibelabschnitt ungefähr die Bedeutung, wie die Verklärungsgeschichte Jesu für uns. Christus wird von Gott seinen Jüngern als sein Sohn offenbart.

Im Buch Exodus offenbart Gott seinen *Namen.*

Wir hören oder lesen den Text, wie Mutter und Onkel das Zeugnis des Kindes mit der „Mathe Drei“. Wir hören einen Begriff, einen Ausdruck: Gottes Name ist *„Ich werde sein!“.*

Die meisten von uns haben ganz sicher auch schon einmal das hebräische Wort dafür gesehen. Manchmal ist es auf Altären oder Kirchendecken zu sehen. Es sind *vier ähnliche Buchstaben*, die das Wort *„Jahwe“* ergeben. Die Sprachwissenschaft sagt uns: das hebräische Jahwe ist das Wort für *„sein“. Ich bin, Ich bin da, ich werde sein, der ich sein werde.*

Hier wird uns ein Name, eine Bezeichnung, ein Begriff gegeben, wie die Mathe Drei auf dem Zeugnis. Der Begriff selber sagt noch nichts und kann viel bedeuten. Er braucht einen *Kontext* – und zwar unser Leben, unsere Existenz, *unser Sein.*

Versuchen wir uns zu verdeutlichen, was hier geschieht:

Mit den Juden glauben wir daran, dass Gott eine *Person*, ein Gegenüber ist, dass ich *anreden* darf; z.B. im Gebet, im Lobgesang, aber auch der Klage. Die Bibel – etwa in den Psalmen – ist voll solcher Anreden an Gott als Person. Unstrittig ist, dass eine Person eine *Identität, ein „Ich“* hat, die unverwechselbar im *Namen* wird.

Dadurch werde ich z.B. auch eine Rechtsperson, darf wählen, heiraten, einen Beruf erlernen usw. *Der Name beschreibt die Person.*

Ich bin zum Beispiel Frank Meinel. Wenige Stunden nach meiner Geburt im sächsischen Aue hat eine neutrale Amtsperson aufgrund des Willens meiner Eltern dies in meiner Geburtsurkunde beurkundet.

Es gibt in Deutschland und auf der Welt sicher noch etliche Menschen, die Frank Meinel heißen, aber keinen, der am 22. November 1960 in der Geburtsklinik Aue in Sachsen zu Welt kam.

Ich bin also ich. Auch ich darf von mir sagen: Ich bin, der ich bin und werde, so lange ich lebe, sein der ich bin.

Was bedeutet das?

Vielleicht erhalten wir eine Ahnung von der existentiellen Wichtigkeit dieser Aussage, wenn wir uns einmal das Gegenteil vor Augen führen, z.B. seelisch oder dement kranke Menschen. Es ist geradezu bedrückend, wenn ein Mensch nicht mehr weiß, wer er oder sie ist. Vielleicht ereilt uns auch einmal dieses Schicksal.
Was kann da trösten?
Das es hoffentlich gute Menschen aus Familie und Gesellschaft gibt, die mir dann zur Seite stehen. Das allein. Menschen, die selbst dann, wenn ich nicht mehr weiß, wer ich bin, mich trotzdem noch einfühlsam behandeln als der, der ich bin.
Nicht mehr zu wissen, wer man ist und absolut niemand zu haben, der einem hilft, ist der sichere Tod.
Es wäre genauso, wie wenn man ein Baby, wie es leider auch manchmal geschieht, sich selbst überlässt. Es ist der Tod. Die absolute Beziehungslosigkeit, eben Tod.

Wir können folgendes festhalten**: Ich bin der ich bin durch Menschen, die für mich da sind. Ich bin durch Beziehung.**
Ich bin dadurch, dass ich aus einer Beziehung stamme und in Beziehung zu Menschen lebe.
Erst der Tod wird alle menschlichen Beziehungen und damit auch das Leben einer Person beenden.
Und selbst dann gilt noch: der Leib der ehemaligen Person, die nun war, was sie war, hat das Recht auf eine würdige Bestattung.

Da sprach Gott zu Mose: Ich werde sein, der ich sein werde. Und sprach (weiter): So sollst du (ihnen) sagen: (Der) „Ich werde sein“ hat mich zu euch gesandt.
Mit anderen Worten:
Dieser gewaltige **Text** des Gotteswortes wird erst im **Kontext** unseres Lebens lebendig. Wenn wir von Gottes Existenz, von Gottes Sein reden und hören, geht es zugleich um unser Sein, unseren Lebenstrost, unsere Befreiung. Der Gott der Bibel offenbarte sich einst Mose darum,

dass sein Volk frei wurde. Sein **Sein** führte zu ihrem **Menschsein und Kind-Gottes-Sein.**

Mehr haben sie von Gott nicht, als seinen Namen, der seine göttliche Person bezeichnet: Er ist. Er ist immer da. Er ist immer für sie da.

Auch wenn alles wegbricht. Etwa in der Wüstenwanderung, wo sie nicht mehr wissen werden, wer sie sind, ist er da. Aber mit ihm geht es immer weiter.

Sie sehen und fühlen Gott wie oft nicht. Aber dahinter ist längst Bewegung. **Gott ist, damit wir sind.**

Nur im Kontext unseres eigenen Lebens erschließt sich uns diese heilige Wahrheit der Schrift.

Die Vorsehung will es, dass heute im deutschsprachigen Raum dieser Bibeltext, der einst im **alten Ägypten** entstand, gepredigt wird.

Im **heutigen Ägypten** vollziehen sich dieser Tage Umbrüche, die vielleicht mit jenen aus archaisch-biblischer Zeit vergleichbar sind. Wohin das politisch und gesellschaftlich führt, wissen wir noch nicht. Hoffen und beten wir, dass das den Frieden mit dem heutigen Israel stärkt und der Überwindung der Not der Palästinenser, darunter vieler Christen, abhilft. Vielleicht ist diese Befreiungsbewegung auch ein Schub für den uralten Konflikt in Nahen Osten.

Fest steht für mich im Licht unseres Bibelwortes von heute:

Hier haben meist sehr einfache Menschen ihr Dasein in Gemeinschaft mit anderen neu entdeckt und erfahren. So, dass der neue Pharao, der das Volk um Milliarden ausplünderte und unterdrückte, verschwinden musste.

Wie einst Mose vor Gott meinte: *Wer bin ich schon, dass ich zum Pharao gehe;* ich bin doch viel zu unbedeutend, zu klein und zu schwach; wie Mose durch die Begegnung mit Gott Kraft erhielt, so war es dieser Tage auch.

Gottes Sein schafft unser Dasein als Menschen, die ihr Menschsein nun mutig gegen das Unmenschliche auf der Welt vertreten und damit so unendlich viel verändern können, wie sie es selbst nicht glaubten. **Gottes Sein schafft unser Sein und Werden.**

Weil da eben noch etwas ist, weil **da einer ist**, weil **da einer da ist** und um **dieses Dasein** niemand herumkommt, hat unser Leben *Glaube, Hoffnung und Liebe*. Weil Gott da ist, werden wir *frei.*
Nicht nur von unserer selbst gemachten Kleinheit, die wir uns einreden, sondern auch von der selbst gemachten Schuld und Sünde, die wir uns so oft ausreden.
Aber die so stark wirkt.
In uns allen steckt der Hang in die Beziehungslosigkeit, z.B. in der Form des Egoismus. Wir sind nicht nur gute Menschen, sondern auch schlechte. Ein Sund, ein Abgrund trennt uns von **Gott, der da ist.**
Da ist dieser Gott in das Menschsein getreten. **Er ist im Menschsein** selber und ist in den Abgrund, den Sund, die Sünde getreten in Jesus Christus.

Martin Luther hat aus diesem Glauben heraus das alte hebräische Wort „Jahwe", *Ich bin da*, immer mit dem Wort HERR übersetzt. Dasselbe Wort HERR, Kyrios, übersetzt er im Neuen Testament auch für Christus. In Christus ist dir Gott näher, als er jemals war.
Er ist dir näher, als du dir selber sein kannst. Das begründet deine Freiheit, auch die von dir selber und deiner Schuld und Sünde.
Du bist so frei aus Ägypten oder in Ägypten, in Schneeberg, in deinem Leben wieder aufzubrechen, denn er, der HERR ist ja da.
Er ist für dich da. Was für eine Gnade!

Schließen will ich mit einer kleinen Szene, die sich dieser Tage auf den Taria-Platz in Kairo mehrfach abspielte. Vor den Protesten gegen den Pharao begannen Christen zu beten. Es sind meist die bekannten Kopten, eine uralte nordafrikanische Kirche mit wunderbaren Kirchen und Klöstern. Sie hatten im meist islamischen Ägypten sogar ihre Holzkreuze dabei. Wir sahen im Fernsehen, wie plötzlich sich muslimische Menschen um sie schützend versammelten, damit sie beten konnten.
Anschließend oder vorher beteten die Muslime und die Kopten bildeten einen Kreis ums sie, um sie zu schützen.

Was für ein Bild in was für einer Welt!
Das hat nichts, aber gar nichts mit einer Religionsvermischung zu tun.
Wir haben einen höchst unterschiedlichen Glauben.
Aber wir alle sind Menschen.
Alle haben dort begriffen, dass sie füreinander da sind.
Das sollte zu ihrer Befreiung beitragen.

Gott der da ist, und in Christus ganz nah ist, will, dass auch wir da sind, füreinander. Das wollte ich uns heute wieder predigen. Gott helfe uns dazu. Amen.

Die Martha in uns

Predigt über Lukas 10.38-42 Estomihi 2011

Christus spricht: Eins aber ist not. Maria hat das gute Teil erwählt; das soll ihr nicht genommen werden.

Es gibt für uns alle Bibeltexte, die wir spontan lieben, auch wenn wir nicht gleich alles verstehen. An dieser Geschichte ist mir das Menschliche sehr nah. Es sind zwei sympathische Wesen, die uns im Lukasevangelium vorgestellt werden.

Man braucht niemand lange erklären, warum beide Seiten des Lebens, die innere und die äußere, wichtig sind.
Keiner kann auf eine der Seiten verzichten. Wir leben sowohl von Menschen, die wie Martha sind, als auch von Menschen, die mehr die Eigenschaften von Maria haben.
Wir wären gar nicht da, hätten unsere Mütter und Väter nicht um uns als Säuglinge, später Kinder, Sorge getragen. Da geht das mit dem Inneren und Äußeren nicht ´mal zu trennen. Physische und psychische Nähe verschmelzen in den ersten Lebensjahren. Für ein Kind da zu sein, ist beides.
Wir wissen heute, wie sehr es zu menschlichen Katastrophen kommen kann, wenn in dieser so prägenden Zeit Mangel an Liebe und äußerer Zuwendung herrscht. Ich brauche das sicher nicht länger beschreiben.

Nach meiner Beobachtung scheint das auch in der letzten Phase unseres Lebens meist wieder so zu werden. Gute Pflege – ob nun zu Hause oder in einer Einrichtung – besteht darin, sich einem Menschen auf seinem letzten Weg „ganzheitlich“, wie wir manchmal sagen, zuzuwenden. Dazu gehört ebenso gute Hygiene, Ernährung und Pflege, wie auch innere Zuwendung, bis hin zum Gebet.

Längst haben gute Einrichtungen und Heime das in ihre Konzepte übertragen; ja man kann sogar davon sprechen, dass Institute in Verruf kommen und keiner mehr hin will, die das nicht sehen und tun.
Mit Recht!

Wir können ganz sicher sein, dass Jesus nicht Martha wegen ihres „Sorgens", besser: ihres Dienens schilt. Sie ist nicht weniger sympathisch, als Maria.
Worin aber liegt nun der Unterschied?
Und was hat das für eine Bedeutung für uns?
Ich meine das ganz praktisch, alltäglich.
Vielleicht gewinnen wir Zugang zur Geschichte, wenn wir uns einmal verdeutlichen, dass Christus zu zwei Menschen spricht, die buchstäblich *mitten im Leben* stehen, wie wir auch sagen.
Die Erzählung lässt erkennen, dass beide Frauen arbeitsfähig und belastbar sind, weswegen ja Martha ihre Schwester Maria schilt, sie solle doch nun auch einmal auf Arbeit erscheinen und sich in diesem Falle im Haushalt nützlich machen.
Zwei Menschen, mitten im Leben!

Offensichtlich ist für Martha aber Arbeit nur **äußere** Arbeit;
eben sichtbar, handgreiflich, nachweisbar, ja schmeckbar etwas zu tun.
Ihr fehlt wohl das Verständnis, dass es auch so etwas, wie **innere** Arbeit geben muss. Etwas, das man auf den ersten Blick nicht sehen, anfassen und ausrechnen kann und die doch so nötig ist.
Arbeit, die sich etwa in einem langen Gespräch vollzieht, wo zwei oder mehrere Menschen sich austauschen über wichtige Entscheidungen ihres Lebens. Das ist auch Teil der christlichen Seelsorge und guter Therapie.

Vielleicht beginnen wir schon hier zu ahnen, welche Arbeit, welche innere Leistung auch darin liegt; z.B. einmal über sich selbst, seine Anschauungen und Werte, seine Grenzen und Schwächen zu reden.

Ich weiß es von anderen und von mir, wie du manchmal erschöpft aus solchen Phasen kommst, weil es hochgradig Arbeit ist; genauso als wenn du auf einer Baustelle oder im Haushalt geschuftet hast.
Möglicherweise ist der heute häufig gebrauchte Ausdruck „Dieser oder jener ist eine Baustelle!“ ein sehr beredter Ausdruck dieser Einsicht.
Es gibt ´innere Baustellen´ ohne Ende!
Nehmen wir einmal an, alle unsere Fragen, Sorgen, Ängste um uns und unsere Kinder würden sich jetzt in diesem Kirchenraum als Baugerüste aufstellen: wir kämen vermutlich vor Stangen, Brettern und Absperrungen gar nicht mehr nach Hause.

Nach Hause!
Maria ist in ihrem und ihrer Schwester Haus zu Hause, also „bei sich“, weil da jener Mann aus Nazareth in ihr Zuhause gekommen ist, um mit ihr über sie, ihr Leben und Gott zu reden; mit ihr zu beten.
Martha ist auch zu Hause, aber nur in der Hauswirtschaft.
Das muss sie gefühlt haben.
Sie ist wie fremd in ihren eigenen vier Wänden, beschäftigt, aber nicht glücklich. Sie kann man bei Beschäftigungen treffen und staunen, was sie so alles leistet, wie sie herumrennt und alles toll macht.
Aber sie ist nicht Daheim bei sich und Gott. Sie ist ganz gewiss mit Gutem beschäftigt, das aber doch ihrer Not nicht abhilft.
Eins ist eben not!

Der Text lässt erkennen, dass sie es fühlte, aber den falschen Schluss zieht.
Ich könnte mir etwa sehr gut vorstellen, dass die Geschichte so weitererzählt werden könnte, dass Martha zu den beiden kommt und sagt: „Hallo Maria, ich möchte nach dem Essen, das bald fertig ist,
nun auch mit Jesus reden und beten; du räumst dann bitte auf und machst den Abwasch und beziehst die Betten!“ Ich könnte mir sehr gut denken, dass Maria sofort eingewilligt hätte.
Aber genau das sagt sie nicht.

Das hat sie wahrscheinlich alles schon gemacht, wie sie so ist; sie macht einfach drauflos und ihr bleibt nur die Bitternis, die sich schon verzweifelt sprachlich umsetzt.
Man muss sich ja einmal die erzählte Szene bildlich vorstellen:
Martha kommt in das Gespräch der beiden und redet Jesus im Beisein ihrer Schwester an: *„Herr, fragst du nicht danach, dass mich meine Schwester allein dienen lässt!“*
Was für eine Not, die schon zur Frechheit wird, im Beisein eines anderen über jemand zu reden, so als wäre er gar nicht da.
Es ist Not!
Deswegen wird *eines not*, not- wendig, *damit sich die Not wendet*!
Das ist zerstörte Beziehung, was wir hier sehen und hören.
Diese zerstörte Beziehung zur leiblichen Schwester kommt aus einer zerstörten Selbstbeziehung der Martha mit sich selbst und damit –
so das Zeugnis der Schrift - aus der gestörten Beziehung zu Gott.
Hier redet eine Unerlöste, Unglückliche, deren Unglück nicht die scheinbar faule Schwester ist, sondern sie sich selber.
Ihr Selbstwertgefühl ist gestört; sie funktioniert nur noch und zwar so, dass es dritten sogar noch hilfreich ist.

Manchmal denke ich: was haben wir - gerade auch wir
Kirchenleute! - schon an Schuld auf uns geladen, die Not solcher Menschen nicht zu sehen, die auch für uns nur noch funktionieren, wie Maschinen. Deren Existenz, deren Gefühle und Fragen, deren inneres Fortkommen und Entwicklung uns völlig egal sind und die wir in ihrer Hilfsbereitschaft eigentlich ausnutzen, ohne es zu merken.
Mehr noch: wir loben sie sogar ihren aufopferungsvollen Dienst, aber weigern uns den von Gott geliebten Menschen dahinter zu sehen.
Es könnte schnell eine Form frommer Perversion werden, die ich aus Berichten in der Seelsorge reichlich kenne.

Das ist – im Bilde gesprochen – als wenn der General bei Abschied von der Truppe, von der er weiß, dass sie beim nächsten Angriff zerstört wird - Orden verteilt. Weiter so Freunde!

Es sind Abzeichen des Todes und nicht der Ehre –
weswegen Jesus hier kein Abzeichen verteilt, sondern Martha offen kritisiert. Er kritisiert sie in ihrer Sorge, ihrer Angst, von sich selber mit ihm zu reden. Er kritisiert sie, weil er sie so liebt; sie, die Martha und nicht das, was Martha da kocht und putzt und macht.
Er liebt die Putzfrau, von der er weiß, dass sie viel, viel mehr ist, als was sie da putzt; dass sie eine Schönheit und einen ewigen Wert hat, der dadurch da ist, weil Gott sie gewollt hat.
Er kritisiert sie, damit sie herauskommt zum Leben. Vor ihm – *der gekommen ist, nicht dass man ihm diene, sondern dass er diene und lasse sein Leben als ein Lösegeld für viele.*

Was für eine Geschichte! Es ist unsere.
Wo immer sich die Maria zeigt, sei froh. Wo immer die Martha herausguckt, gucke genaue hin, bei dir und deiner Familie zuerst, deinen Freunden, deinen Schwestern und Brüdern.
Und wenn es sein muss, tue ihnen die wichtigsten Dienst im irdischen Leben: kritisiere sie aus Liebe.
Zeige ihnen ihren Selbstirrtum, damit sie Jesus erkennen, der kam und mit dem starb, was uns vom Leben mit Gott und der Ewigkeit trennt.

Zum Schluss:
Ich bin erst wenige Tage von einem theologischen Kurs der Vereinigten Evangelisch-Lutherischen Kirche zurück.
Mit guten Lehrern unserer Kirche haben wir darüber nachgedacht und gesprochen, was die *Passion und Auferstehung Jesu Christi für uns und unsere Predigt bedeutet.*
Der Kurs war auch harte Arbeit.
Es war innere Arbeit, zu fragen, was das für uns und unsere Verkündigung heißt. Denn du kannst nur glaubwürdig reden von etwas, dass sich selber in dir ereignet hat.
Ich weiß es aus leidvoller eigener Geschichte: Wühlen, schuften und bildlich gesprochen auf Baustellen herumrennen, muss auch sein, aber es ist nicht alles. Es ist höchstens eine Folge, nachdem du gespürt hat:

Gott ist auch für mich da. Er ist in Jesus Christus ganz bei dir. Er ist in den Abgrund getreten, auch wegen mir, wegen mir als geliebter Person.
Ich bin schon etwas, ohne dass ich dieses oder jenes getan habe.
Ich bin Gott Recht, sosehr, dass er den EINEN ins Unrecht setzte, der auch mich erlöst hat. Der uns erlöst hat, als seine geliebten Kinder.

Dies EINE ist eben so wichtig, weil es die Not beendet, die Berechtigung unserer Person nachweisen zu müssen.
Nein, das müssen wir nicht mehr und können darum frei sein, so frei nun auch in Dienst genommen zu werden: für unsere Familien, unsere Kirche und Gesellschaft. Aber nur so und nicht anders.
Gott helfe uns dazu. Amen.

Predigtlied: EG 386.1-4, Eins ist Not, ach Herr dies eine...

Fleisch und Blut

Predigt über Joh. 6.53ff Lätare 2011

Jesus sprach zu ihnen: Wahrlich, wahrlich, ich sage euch: Wenn ihr nicht das Fleisch des Menschensohns esst und sein Blut trinkt, so habt ihr kein Leben in euch.
Wer mein Fleisch isst und mein Blut trinkt, der hat das ewige Leben, und ich werde ihn am Jüngsten Tage auferwecken. Denn mein Fleisch ist die wahre Speise, und mein Blut ist der wahre Trank. Wer mein Fleisch isst und mein Blut trinkt, der bleibt in mir und ich in ihm. Wie mich der lebendige Vater gesandt hat und ich lebe um des Vaters willen, so wird auch, wer mich isst, leben um meinetwillen.

Der vierte Sonntag der Passionszeit *Lätare* wird nach langer Tradition auch „Kleinostern" genannt. Es gab die – leider heute aus Kostengründen eingeschlafene – Sitte, an diesem Tag rosa Farbparamente und liturgische Gewänder zu zeigen. Rosa war ein Zeichen des erwachenden Frühlings und symbolisch sozusagen eine sanftere Variante des sonst vorherrschenden violett, dem Zeichen der Buße, Reue und Trauer.
Mitten in der Passionszeit erwachte sinnbildlich schon etwas.
Ostern scheint bereits hervor, „Kleinostern" eben.
Wir reden mitten im Leid, im Todesgeschehen Jesu Christi, schon von der Auferstehung, vom Leben und von der Ewigkeit.
Immer wieder öffnet das Kirchenjahr mit seinen wunderbaren Akzentsetzungen das Verständnis des Glaubens.
Wir brauchen halt immer wieder auch solche **Bilder**, um zu verstehen, was Christus für uns ist. Wir brauchen es umso mehr, als wir mit den **Grundtexten** unseres Glaubens wahrlich nicht nur leicht Verständliches vor uns haben. So auch heute

Selbst nach jahrzehntelangem Umgehen und theologischer Einsicht in Zusammenhänge, ist der heutige Abschnitt für mich immer wieder hart.

Du stolperst unweigerlich beim Lesen: *Wenn ihr nicht das Fleisch des Menschensohns esst und sein Blut trinkt, so habt ihr kein Leben in euch.*
Wer kann das verstehen?
Ich habe an anderer Stelle schon einmal erzählt, wie auch die Menschen in der Umwelt der Bibel auf die Christen oft mit purem Unverständnis reagierten. Wir haben etwa in Rom Steinzeichnungen, die einen gekreuzigten Esel zeigen; mit der Inschrift: Ein Christ ist dumm wie ein Esel. Er glaubt an einen gekreuzigten, hingerichteten Gott. Vollends wurde es unübersichtlich, als man sich erzählte, dass die Christen nun auch noch diesen Gott essen. So sprach man vom Abendmahl. An vielen Orten machte das Gerücht die Runde, es handle sich um barbarische Kannibalen, die Menschenfleisch essen.
So stünde es in ihren heiligen Texten, z.B. bei Johannes.
Die Christen seien, so sagte man auch, *atheoi*, Atheisten.
Sie essen ihren Gott. Sie sind schlicht verrückt.
Das war überdies auch ein Grund, dass man sie blutig verfolgte.

Tatsächlich steht da wörtlich:
das Fleisch Christi essen und sein Blut trinken.
Vielleicht muss man sich zuerst wirklich einmal darüber klar werden, wie radikal und ungeschönt das damals und heute auf Leute wirkt, die nicht von Kindesbeinen an im Glauben großgeworden sind und z.B. etwas von der Kraft und Schönheit des Abendmahles und der tiefen Geborgenheit dieses Sakramentes wissen.
Es ist wichtig, wenn wir fragen:
Was verstehen andere?
Und wie kann ich ihnen das fast Unsagbare sagen?
Ich meine aber: so sagen, dass unsere Substanz nicht zerstört wird.
Keinem ist geholfen, wenn wir flach und oberflächlich werden, wie es leider heute – besonders in unserer evangelischen Tradition - Mode ist.
Es wird immer um den wahren Glauben **ein Geheimnis** bleiben.
Du kannst es nie billig machen. Das geht nicht.

Glaube muss sich zu verstehen suchen, ganz gewiss, aber letztlich ist seine Tiefe unauslotbar, wie Gott selber. Wir reden daher auch immer wieder vom *Sakrament*, einem Mysterium, einem Geheimnis.
Groß ist das Geheimnis des Glaubens – und doch ist es auch einfach wie **Kinderglaube.**
Bleiben wir dabei. Versuchen wir es - wie für Kinder, ganz elementar.
Fleisch und Blut.

Machen wir uns nun folgendes klar:
Unter tatsächlichem *Blut* wird etwa ein Kind geboren.
So kommt es auf die Welt. Es tritt aus dem Körper der Mutter, aus ihrem *Fleisch.* Mutter und Kind bleiben noch eine Weile ganz dicht beieinander. Das kann wohl in der Regel der Vater nicht leisten. Das neue Leben ist aus der Mutter buchstäblich fleischlich hervorgegangen.
Ich finde, wir spezifizieren heute manchmal zu sehr. Es ist ganz körperlich.
Leben entwickelt später seinen Geist, aber immer ist der Körper, eben *Fleisch und Blut*, dabei. Das bleibt weiter so, auch wenn wir mit zunehmender Bildung differenzieren. Meist werden wir aber erst an den Brüchen und Krisen wieder damit konfrontiert. Aber wie!
Z.B.: welche Mutter, welcher Vater, welcher liebende Mensch würde nicht seinem Kind, seinem Ehepartner, seinem Freund ein Organ spenden! *Fleisch und Blut* sind keine Abstrakten, sondern die Inbegriffe von *Leben und Liebe.*
Ich persönlich habe z.B. auch verfügt, dass im Falle meines plötzlichen Todes brauchbare Organe anderen gegeben werden sollen. Ich finde, das tun viel zu wenig. Wie schnell können auch wir in einer solchen Lage sein. *Leben in dieser Welt* hat mit *Fleisch und Blut* zu tun.

Diese Woche hatten wir eine Besprechung zu Fragen der Seelsorge in unserer Gemeinde. Da wurde mir diese existentielle Lebenserfahrung auf andere Weise auch wieder deutlich.
Es ist doch so, dass alle, die sich wirklich seelsorgerlich anderen zuwenden, ganz genau wissen: das kann ich nur mit Haut und Haar,

ganz oder gar nicht tun. Da ist kein Medium dazwischen, wie etwa beim Fernsehen.

Das Fernsehen kann auch sehr interessant und hilfreich sein, keine Frage, aber es beteiligt mich an seiner Sache nicht unmittelbar, sondern nur über ein abstraktes, kaltes Mittel. Jederzeit kann ich ausschalten, umschalten.

Im tiefen Gespräch unter Eheleuten oder Freunden, in der Seelsorge, mit den eigenen Kindern usw. ist das nicht so, oder **die Beziehung** ist gebrochen. Beziehung heißt doch:

Ich bin ganz für dich da. Du kannst nicht einfach ausschalten; Gott sei Dank. Du bist ganz verwickelt, *als Mensch aus Fleisch und Blut.*

Du kannst jetzt unbedingt auf mich zählen, weil ich um das unsagbare Geheimnis unserer Liebe, unserer Freundschaft, der Seelsorge usw. weiß. Ich bin da. Ich bin als ganze Person da, körperlich, geistig, seelisch; mit meinem Wissen, mit meinen Gefühlen, *in Glaube Hoffnung und Liebe.*

Man könnte zugespitzt sagen: *ich bin mit Fleisch und Blut da.*

Die Heilige Schrift lehrt uns nichts anderes:

in Fleisch und Blut ist Christus für uns da.

Das bedeutet: er ist in seinem versöhnenden Tod da. Wir nehmen Christus in seiner göttlichen Person *in Brot und Wein* in seiner Liebe tatsächlich *in uns auf.* Seine Substanz, sein Leben, geht in uns über.

Buchstäblich *essen wir ihn* als Heil und Heiland des Lebens.

Wir denken nicht nur an etwas Nachdenkenswertes, an einen interessanten Menschen, der wie ein Literat Kluges von sich gab, sondern werden mit ihm *vereinigt.*

Wir werden mit ihm *vereint; neues Leben gebiert sich.*

Das meint *Fleisch und Blut*, das in der Deutung des 4. Evangeliums *ewiges Leben* schafft. Ein *Leben*, das schon hier buchstäblich sichtbar, schmeckbar im *Heiligen Mahl* beginnt.

Wie wir am Altar des Herrn mit dem Herrn Gemeinschaft haben, werden wir es in Ewigkeit. Nichts wird uns mehr trennen, nicht einmal der Tod.

Es scheint schon durch.

Unsere Mütter und Väter im Glauben waren sehr klug und geschickt: Kurzeitig verwandelten sie mit diesem Text das schwere und dunkle Violett in Rosa. Da blüht etwas auf. Kleinostern - wie in einem guten Gespräch und Gebet unter Partnern, Freunden und in der Seelsorge. Da wird etwas deutlich unter der Schuld, dem Versagen, dem Rätsel und da beginnt wieder Leben, wie *das Blut im Fleisch* des Körpers Leben bringt. Leben, das Christus für uns gab.

Ist dieses Bibelwort doch nicht zu schwierig?
Nein, es ist so einfach oder so schwierig, wie das Leben selbst.
Ein Kind schreit nach der Mutter, der Verletzte nach dem Arzt, der Gekränkte nach Seelsorge. Etwas anderes ist es nicht.
Und doch fasst es letztlich *nur der Glaube*, wie das Kind um seine Eltern weiß, der Patient um das Vertrauen zu seinem Arzt und der Bedrückte um einen Menschen, der ihm zuhört, mit ihm betet und ihn segnet.
Es sind wie *Abbilder* des *großen Bildes* Gottes Menschen, der in Jesus Christus Gott Recht ist im Leben und im Sterben.
Das dürfen wir hören und im Mahl immer wieder feiern, wie einst drüben bei Gott. Er helfe uns dazu. Amen.

Predigtlied: EG 217.2 und 4

Wie in Narnia

<u>Predigt über Matth. 27.46 Karfreitag 2011</u>

Die Evangelisten Markus und Matthäus überliefern uns, wie Jesus am Kreuz schreit:
Eli, Eli lama asaphtani; Mein Gott, mein Gott, warum hast du mich verlassen!

In dieser Karwoche 2011 haben wir die Worte Jesu am Kreuz in unseren Predigten und Andachten bedacht. Manche von uns kennen die wundervolle Vertonung von Heinrich Schütz „Die sieben Worte des Erlösers am Kreuz“. In den vier Evangelien des NT werden diese sieben Worte bezeugt.
Aber es gibt dabei große Unterschiede.
Der Größte besteht zwischen Markus sowie Matthäus und Johannes. Schreit der Gekreuzigte bei Markus und Matthäus verzweifelt am Kreuz *„Mein Gott, mein Gott, warum hast du mich verlassen!“*, wird er bei Johannes geradezu sieghaft triumphieren und sprechen: *„Es ist vollbracht!“* Matthäus und Markus beschreiben den Leidensweg Jesu als Abstieg, Johannes als Aufstieg.
Ist bei den ersten beiden der Tod Jesu eine Erniedrigung, wird er im vierten Evangelium seine Erhöhung. So wörtlich Johannes.

In einzigartiger Schönheit und biblischer Klarheit hat das *Johann Sebastian Bach* unterschiedlich in seiner *Matthäus- und Johannespassion* gestaltet. Hier schenkt uns einer Musik der Ewigkeit, der seine Bibel gründlich kennt. Das sollten wir auch immer wieder sein: hörende, aufmerksame Bibelleser.
Jeder Bibelleser und andächtige Gottesdienstbesucher wird nachdenklich feststellen müssen, dass wir unterschiedliche Zugänge haben. Was wir haben, sind schon Auslegungen von Menschen, denen Jesus Christus als auferstandener Herr begegnet ist, deren Herr und Heiland er längst geworden ist.

Mir ist über die Jahre diese **Unterschiedlichkeit** einer der größten **Reichtümer meines Glaubens** geworden.

Im Leiden und Sterben Jesu wird vieles über unser Leben deutlich.

Diese Unterschiede sind die **Aspekte unserer Existenz** im Lichte der Wahrheit des Evangeliums.

Heute denken wir dem ältesten Zeugnis nach, dem von Markus und Matthäus.

Markus und Matthäus wollen uns besonders an´s Herz legen:

Jesus geht bis in das größte Leid, in den Abgrund.

Ganz unten ist er. Er ist buchstäblich unter uns, unter allem Leid, allen Fragen, aller Verzweiflung. Dort gibt es für ihn keinen Grund, keinen Halt mehr. Selbst Gott ist verschwunden. Er hat ihn verlassen.

„Mein Gott, mein Gott, warum hast du mich verlassen!"

Jesus von Nazareth betet und schreit den Todespsalm seines Volkes Israel, wie er bis heute im 22. Psalm der Bibel zu finden ist.

Versuchen wir uns diesem Christuswort demütig zu nähern.

„Mein Gott, mein Gott, warum hast du mich verlassen!"

Jesus geht bin in das größte Leid, in den Abgrund. Dort gibt es keinen Grund, keinen Halt mehr.

Nach den ersten beiden Evangelien müssen wir sehr hart und klar sagen: Gott ist am Kreuz für Jesus Christus nicht mehr da.

Er hat sich von ihm abgewandt. Er sieht ihn nicht. Gott schaut dagegen auf jemand anderes.

Gott schaut auf uns Menschen. Um uns wiederzufinden, muss auf der anderen Seite Christus leiden.

Warum? Ginge das nicht auch ohne sein Leid?

Was ist das überhaupt für ein Gott, der so etwas will?

E muss so sein, es geht nicht ohne Sühne. Es muss so sein wegen der Gerechtigkeit, ohne die es kein Leben gibt.

Ich will es mit einer Geschichte des englischen Autors Clive Staples Lewis beschreiben. Eines seiner berühmtesten Kinderbücher ist

„Der König von Narnia“, erst jüngst wieder sehr erfolgreich verfilmt.
Die Rahmengeschichte, ich erzähle sie nach einer Verfilmung, geht so: Mitten im Bombenhagel des zweiten Weltkrieges werden vier Geschwister, zwei Mädchen, Susan und Lucy und zwei Jungen, Edmund und Peter, in England auf das Landgut eines alten Professors geschickt. Die Kinder leiden unter der Angst vor dem Tod des Vaters, der an der Front gegen die Nazis kämpft. Besonders dem kleineren Jungen Edmund macht der Vatermangel zu schaffen und er bringt wegen Unvorsichtigkeit seine Familie mehrfach in Todesgefahr.
Nun sind sie auf jenem Landgut in Sicherheit, haben Langeweile und spielen Verstecken.
Die kleine Lucy will sich in einem gewaltigen Schrank verbergen.
Dieser Schrank hat aber keine Rückseite, sondern ist ein Durchgang.
Sie kommt plötzlich in einer fremden Welt, im Königreich Narnia, an.
Dort ist nur Schnee und Eiseskälte. Ihr begegnet bald ein Fabelwesen, das die Kleine zum wärmenden Tee einlädt. Sofort merkt sie, dass in diesem Königreich etwas nicht stimmt: alle haben nur noch Angst.
Eine böse Königin herrscht über die Bewohner des Landes und hat eine Waffe, mit der sie alles zu Eis machen kann. Jenes Fabeltier, ein Faun, sagt der Kleinen: „Hier ist immer Winter, aber nie Weihnachten!“
Was für eine Lebensbeschreibung: Immer Winter ohne Weihnachten!

Durch eine Laterne findet man wieder in den Schrank und damit die wirkliche Welt zurück. Auch Edmund, jenes schwierige Kind, kommt durch den Schrank eines Tages in Narnia an und begegnet der bösen Königin. Sie nutzt seine innere Einsamkeit aus und ihn lockt, seine Geschwister an sie auszuliefern. Dafür würde er Herrscher und Prinz jenes Reiches. Das gekränkte und geängstete Kind meint Genugtuung zu spüren. Was Edmund aber nicht weiß und der Leser erst langsam buchstabiert ist folgendes: Der Königin als Sinnbild des Bösen ist alle Macht gegeben, aber nur bis zu einer Grenze, einem *tiefen Zauber* nennt es Lewis, einer *Deep Magic.*
Dieser Zauber, dieses Gesetz wurde vor Urzeiten vom unsichtbaren König ausgesprochen: wenn einmal vier Geschwister einträchtig auf

einem Stein, wo diese Magic eingraviert ist, sitzen, hat ihre Macht ein Ende. Die Königin erkennt sofort die Gefahr durch jene vier Kinder und bekommt Edmund in ihre Hand.

Alle Geschwister sind nun auch in Narnia angekommen und Edmund ist längst der Gefangene der Königin. Er hat seine Geschwister verraten und ausgeliefert und ist selber verloren. Auch die Welt Narnia scheint verloren und ist nicht mehr zu befreien.
Auch nicht durch die Mächte des Guten, die sich um den wahren König, einem wunderbaren Löwen mit Namen „Aslan“ zum Kampf gegen die Dämonen des Bösen rüsten. Sie sind zwar stärker als die Teufel.
Aber mindestens einer, Edmund, würde mit seiner Schuld für immer verloren sein.

Nun kommt es zur Schlüsselszene.
Der Löwe Aslan begibt sich in die Gewalt der bösen Mächte, die dafür Edmund loslassen müssen. Es findet ein Tausch statt. Für den Verrat des Edmund an seinen Geschwistern wird nun jener herrliche Löwe gefoltert und schließlich auf jenem Stein mit dem tiefen Zauber getötet.
Die Mädchen Susan und Lucy sehen von Ferne jenen Mord.
Scheinbar hat nun das Böse für immer gesiegt.
Wir sehen im Märchen natürlich ein Bild der Kreuzigungsszene mit den Frauen.

Das Böse hat gesiegt.
Aber nur scheinbar, nur an der Oberfläche.
Plötzlich zerbricht jener Stein mit dem Zauber und Aslan tritt wie aus einer Sonne neu ins Leben. Der unsichtbare König von Narnia, ein Bild für Gott, wie der Löwe für Christus, hat ihn erweckt, nachdem die **Genugtuung** geschah.
Genugtuung. Satisfaktion, sagten die alten Kirchenlehrer.
Das ist das Schlüsselwort. Ein Opfer anstelle, das es gut werden lässt.

Das was Edmund tat, gehörte der bösen Königin, sie hatte durch seine Sünde ein Recht auf ihn und sein junges Leben. Recht muss immer gelten. Das Böse ist böse. Es braucht Genugtuung, Tausch.
Es gäbe kein Leben ohne *diese Wahrheit.*

Es geht bei jedem Parkzettel los. Du kannst die Leute nicht parken lassen, wo sie wollen. Der Verkehr würde zusammenbrechen, weil die Menschen so sind, wie sie sind. Böses, Gemeinschaftsschädliches muss gesühnt werden. Es muss ein Ersatz her, damit die Balance wieder stimmt. Das stimmt. Aber es gibt noch mehr.
Was die böse Königin nicht wusste, war der *tiefere Zauber*, die *Deeper Magic* schreibt Lewis.
Die *Liebe*, die sie nie hatte. Durch die Tat Aslans, sich selber auszuliefern, *siegte die Liebe*, aber nur *dadurch*, *in dem das Gesetz erfüllt wurde.* Das Gesetz wurde erfüllt in Liebe. Und plötzlich sind die vier Kinder vereint.
Wir ahnen, wie wundervoll die Geschichte ausgeht: jene vier Kinder werden nun als Menschen jenen Platz einnehmen. Damit wird die Deep Magic erfüllt und ein gutes Königreich entsteht. Es entsteht durch jene in Liebe erworbene Vergebung, die zur Eintracht führt.
Das Märchen geht spannend zu Ende. Bei einem Ausritt kommen die vier Kinder wieder an jener Laterne an, gehen durch ein Gebüsch und purzeln plötzlich aus dem großen Schrank beim Professor. Und zwar so, als wenn nie eine Sekunde Zeit vergangen war.
Sie sind wieder mitten im normalen Leben ihrer Lebenszeit.
Als Abschluss tritt der alte Gastgeber ins Zimmer und sagt lächelnd:
Ich war auch schon dort. Keiner wird es so schnell verstehen
und trotzdem ist es wahr.

Lewis hat in einem einfachen das Werk Jesu Christi beschrieben.
Wie jener Löwe ging Jesus Christus, in die absolute Finsternis.
Er lieferte sich aus, für Edmund, für uns. Das musste sein, für all das, wo wir Beziehungen, Familien, Leben verraten und in Abhängigkeiten

geraten. Das tun wir immer wieder, manchmal sogar aus verständlichen Motiven, aus Angst vielleicht.
Aber das lässt eben alles vereisen.
Winter ohne Weihnachten, Passion ohne Ostern.
Aber nun taut es, weil der Frost, die Kälte, das Dunkel am Kreuz sein Recht erhält und wir werden frei.
Weil die Gerechtigkeit erfüllt wurde verschwindet durch die größere Macht der Liebe das Böse. Liebe kann um ihrer selbst, Gott kann um seiner selbst, ein Mensch kann um des Menschseins willen nicht Böses einfach bagatellisieren. Es muss erlöst, gesühnt werden.
Und das tat Jesus.

Er schreit vergebens nach Gott, weil Gott zu uns getreten ist.
Mein Gott, mein Gott, warum hast du mich verlassen?
Wegen uns, dürfen wir glaubend festhalten.
Weil Gott uns nicht verlassen hat, hat er Jesus verlassen.
Das sollte unsere Befreiung und Erlösung werden, die zur Auferstehung führt.
Ich wünsche uns einen nachdenklichen Karfreitag.
Amen.

Predigtlied EG 93.1-4 Nun gehören unsre Herzen ...

Die machen aber auch ein Zeug!

Predigt über 1.Korinther 15.54-58 Ostern 2011

Paulus schreibt:

»Der Tod ist verschlungen vom Sieg. ***Tod, wo ist dein Sieg? Tod, wo ist dein Stachel?«*** *....*

Gott aber sei Dank, der uns den Sieg gibt durch unsern Herrn Jesus Christus!

Darum, meine lieben (Schwestern und) Brüder, seid fest, unerschütterlich und nehmt immer zu in dem Werk des Herrn,
weil ihr wisst, dass eure Arbeit nicht vergeblich ist in dem Herrn.

Die Auferstehung Jesu Christi, die wir an Ostern feiern, bestimmt mehr das Leben der Menschen, als wir auf Anhieb wahrnehmen.
Mir fiel dieser Tage eine herrliche Anekdote ein.
Vor drei Jahren, 2008, war Ostern schon am 23. März.
Es ist einer der frühesten möglichen Ostertermine. Dieser Termin kann um bis zu 35 Tage variieren. Ostern kann also auch Ende April sein, wie dieses Jahr.
Nun war es damals sehr zeitig.
Ich kam gerade aus einem Markt vom Einkaufen und wurde, von einer mir unbekannten älteren Dame angesprochen.
„Guten Tag, Herr Pfarrer, sagen sie nur mal, was machen die denn für Zeug!" Ich verstand natürlich nicht gleich, was die Frau wollte und fragte zurück. „Wer macht denn was für ein Zeug?"
„Na, die Regierung dieses Jahr mit Ostern! Das ist doch viel zu zeitig!"
Es dauerte immer noch eine Weile, bis ich begriff und musste ernsthaft mein Lachen unterdrücken. Die Dame meinte, unsere Regierung hätte den Ostertermin in diesem Jahr zu zeitig gelegt.
Ich antwortete dann etwas hintergründig etwa so:
Also es stimme schon, dass man manchmal über die Regierung meckern könne, weil die tatsächlich so ein Zeug machen. Aber hier sei unsere Bundesregierung völlig schuldlos.

Den Ostertermin hat noch der römische Kaiser Konstantin mit den Kirchenvätern erlassen. Das war schon im Jahre 325.
Es sei der Sonntag nach dem ersten Frühjahrsvollmond. Und da der Mondkalender um insgesamt 5 Wochen variieren kann, ist Ostern jedes Jahr an einem anderen Tag.
Sie bedankte sich noch sehr höflich und wünschte schöne Ostern, was ich gern erwiderte.

Die Auferstehung Jesu Christi, die wir an Ostern feiern, bestimmt mehr das Leben der Menschen, als wir auf Anhieb wahrnehmen.
Vielleicht mag es die kleine Geschichte auch auf ihre Weise verdeutlichen.
Egal, was einer glaubt, denkt, fühlt und weiß, fast überall auf der Welt hat er einen Kalender, der sein Leben bestimmt, der maßgeblich von Ostern geprägt wird. So entsteht dann auch Himmelfahrt, Pfingsten usw.

Mir wurde in den letzten Tagen wieder einmal so deutlich, wie stark das Ganze ist und unser Leben allein vom Zeitablauf bestimmt.
Am Karmittwoch waren ungefähr 60 Kindergartenkinder zum Gottesdienst in St.Wolfgang. Tags darauf kamen die 330 Schüler der Evang. Grund- und Mittelschule. Und Nachmittag habe ich vor etlichen, meist sehr gebrechlichen, Senioren im Altersheim genauso einfach und bildhaft gepredigt, wie vor den Kindern.
Und etliche der Senioren haben herrlich mitgesungen und, wenn auch musikalisch nicht ganz so vollendet, wie unsere Kantorei soeben. Es war es doch wunderschön. Es war herzlich.

Die Auferstehung Jesu Christi, die wir an Ostern feiern bestimmt mehr das Leben der Menschen, als wir auf Anhieb wahrnehmen.
Ganz klar ersetzt der Kalender noch lange nicht persönlichen Glauben an Jesus Christus.

Traditionen und Gottesdienste von Kleinkindern bis hin zu gebrechlichen, ja dementen Menschen, die wir immer mehr unter uns haben, können nie alles sein.
Aber doch ist das alles für mich schon ein Spiegelbild der Macht der Auferstehung, die wir heute feiern.
Ostern bestimmt uns.

Gott hat in Jesus Christus für gesunde Fußballspieler, klar denkende Lehrerinnen, den geistig behinderten Jungen und das Mädchen im Rollstuhl, er hat für Kindergartenkinder, die ein Osterei bemalen und vom Leben gezeichnete alte Menschen, die scheinbar (aber nur scheinbar!) nichts mehr mitbekommen, gehandelt.
Gott hat für sie alle und uns gehandelt, so dass ihnen Gottes Wort gesagt wird und der ewige Name Jesu Christi über ihnen ausgerufen wird. Ihr Lebensrhythmus wird so bestimmt.
Nochmals: ich möchte gern die persönliche Hinwendung, wir können auch sagen: Bekehrung von Menschen und ein bewusstes Glaubensleben. Dazu beizutragen, ist ein wesentlicher Sinn des Dienstes der Kirche. Und es stimmt schon, dass es zu viele Laue und Gleichgültige gibt. Das wird uns immer als Aufgabe bleiben.

Aber darüber gilt: Gott hat schon gehandelt. Er hat ein für allemal gehandelt. Er hat mit der Macht der Liebe in unser Leben schon eingegriffen, unabhängig davon, was wir davon wahrnehmen oder nicht. Unsere Traditionen und der Kalender sind ein Bild dafür.

So bekennt es auch das früheste uns bekannte Osterzeugnis der Heiligen Schrift. Es ist der Apostel Paulus, der es uns in der Kraft des Heiligen Geistes als Gotteswort schenkte.
„»Der Tod ist verschlungen vom Sieg. ***Tod, wo ist dein Sieg? Tod, wo ist dein Stachel?«*** *…*
Gott aber sei Dank, der uns den Sieg gibt durch unsern Herrn Jesus Christus!“

Wir müssen es so lesen, verstehen und annehmen, wie es dasteht.
Der Tod ist (schon) verschlungen. Jesus lebt! Gott hat uns *schon den Sieg geschenkt.*
Es ist passiert. Es passiert nicht erst irgendwann.
Es passiert auch nicht erst, wenn ich das oder das gemacht und vollzogen habe.
Gott hat an mir und dir, den kleinen Kindern mit ihren Ostereiern und der gezeichneten Großmutter, die nicht mehr alles versteht, gehandelt.
Uns bleibt, wie Kinder oder alte Leute darauf irgendwie dankbar und hörend zu reagieren.
Uns, die wir halbwegs bei geistigen und körperlichen Kräften sind bleibt, uns danach auszurichten, Gutes versuchen, Vernünftiges zu tun, Zukunft in Hoffnung zu sehen und nicht schwarz in schwarz!
Uns bleibt „Gott aber sei Dank!" zu sagen, zu leben.
Das andere hat Gott in Christus schon getan und erworben.
Ein Glück!

Ein Glück!
Es ist Ostern. *Der Tod Christi war des Todes Tod* – und ist darum *unser Leben* geworden.
Paulus beendet das uns bekannte früheste Osterzeugnis mit einem Satz, den ich noch nie so für mich wahrgenommen habe.
Er ist mir beim Bibellesen neu zugefallen.

Gott aber sei Dank, der uns den Sieg gibt durch unsern Herrn Jesus Christus!
Darum, meine lieben (Schwestern und) Brüder, seid fest, unerschütterlich und nehmt immer zu in dem Werk des Herrn,
weil ihr wisst, dass eure Arbeit nicht vergeblich ist in dem Herrn.

Du könntest manchmal an dir selber verzweifeln. Das habe ich schon manchmal gedacht. Was ist dir alles nicht gegeben! Was kannst du alles nicht ändern und wenden. Wie vieles ist irgendwie unausgegoren,

schwach. Und du leidest an dir, wenn andere uns nach unserem Kirchsein fragen und wir oft nur ein Zerrbild abgeben.
Alles vergeblich?

Aber nein. Was für ein Glück!
Nichts ist vergeblich im Herrn. Im Herrn!
In uns selber wahrscheinlich. Aber nicht in ihm, sogar das Krumme und Schiefe. Der Ostermorgen ist gekommen. Und da wirst du angesprochen vom Gotteswort das von dem zeugt, der durch ist durch das Grab:
...nehmt immer zu in dem Werk des Herrn,
weil ihr wisst, dass eure Arbeit nicht vergeblich ist in dem Herrn.

In dem Werk des Herrn.
Gott sei Dank – *in seinem Werk.* Ich wünsche euch ein frohes und glückliches Osterfest. Amen.

Predigtlied:
Singt von Hoffnung, Neues Sächs. Liederbuch
077.1-3 Lobe den Herrn meine Seele...

Mein Navigationsgerät

Predigt über Johannes 7. 37-39 Exaudi 2011

Christus spricht:

Wen da dürstet, der komme zu mir und trinke!

(Denn) wer an mich glaubt, wie die Schrift sagt, von dessen Leib werden Ströme lebendigen Wassers fließen.

Das sagte er aber von dem Geist, den die empfangen sollten, die an ihn glaubten.

Es sind glückliche Momente im Leben, wenn von uns Lebendiges und Frisches ausgeht. So, wie aus einer klaren Quelle reines Wasser fließt, das man bedenkenlos trinken kann und das erfrischt.

Es ist herrlich, im Wald an einer frischen Quelle zu wandern.

Und genauso schön ist es, Menschen zu erleben, von denen Klares und Frisches, Reines und Gutes ausgeht.

Wenn ich so das halbe Jahrhundert zurückblicke, das mir bisher geschenkt war, waren es besonders Menschen in der Familie, aus dem Freundeskreis und der Kirche, die so etwas ausstrahlten.

Mit Sicherheit wäre ich ohne solche Erfahrungen nicht Pfarrer geworden.

Manchmal gibt es auch die beglückenden Momente, wo dir jemand sagt, wie gut es war, durch ein Wort, eine Predigt, eine Geste und Tat geholfen zu haben, mitunter sogar so, dass da etwas Neues beginnen konnte.

Überdies hat das nichts, aber auch gar nichts mit dem Alter zu tun.

Ich kenne beeindruckende ältere Menschen, die im Herzen jung geblieben sind; so, dass du dir wünschst, einmal ähnlich im Alter zu sein. Immer noch Quelle, nicht abgestanden, nicht bitter und schal.

Jesus verheißt uns, so zu werden und so zu bleiben, wenn wir ihm glauben und vertrauen und den Beistand des Heiligen Geistes erbitten.

Aus dieser Verheißung dürfen und sollen wir leben.

Christus selber ist die Quelle, die nicht versiegt.
Er allein ist es, nicht wir aus eigener Kraft.
Besonders dem vierten Evangelium ist diese zentrale Glaubensaussage immer wieder wichtig: *das Bleiben an Jesus Christus* als Mitte unseres Lebens, Fühlens und Denkens.
Es ist immer nötig, genau das zu hören und hörend anzunehmen; denn unsere Kräfte sind schwach und bescheiden.

Lasst mich darüber heute mit euch ein wenig nachdenken.
Ich meine nicht in erster Linie körperliche Kräfte. Die verändern sich sowieso und wir alle kommen irgendwann an unsere physischen Grenzen. Ich meine innere Kräfte.
Etwas, das an jedem von uns zerren will, ist die Verbitterung.
Eine Verbitterung, die im Bilde gesprochen zum abgestandenen und damit ungenießbaren Wasser wird. Mitunter kann es sogar vergiftet sein.
Es gibt auch an uns ungenießbare Seiten, die dann stärker werden und alles bestimmen können, wenn da nicht Klares und Reines wieder hinzukommt. Und das kann nicht aus uns selber kommen.
Es kommt von außen, von Gott selber.

Zum Beispiel kann Bitternis dann einsetzen, wenn ich mich nicht richtig wahrgenommen und gewürdigt weiß. Ich kenne das auch aus mir.
Es kann barbarisch weh tun.
Du hast es gut gemeint, fleißig gearbeitet, ja manchmal über deine Verhältnisse geholfen, Familiäres zurückgesteckt und dann bekommst du – so fühlst du jedenfalls– gemeines, ja bösartiges zu hören.
Solche Prozesse können manchmal schlagartig kommen, wie ein Unfall. Sie können sich aber auch langsam entwickeln.
Besonders schlimm sind sie immer, wenn sie subtil, hintergründig daherkommen. Es gibt manchmal Leute, die sagen dir lächelnd Gemeinheiten. Wir wissen heute zum Beispiel von psychischen Deformationen, die durch das sog. Mobbing erzeugt werden.
Überdies ist das heute sogar ein Straftatbestand.

Freilich liegt die Beweislast immer beim Geschädigten und es ist elend schwer, das durchzuhalten.
Ich weiß aus der Seelsorge, wie Menschen darunter leiden.
Am allermeisten aber der Verbitterte selbst.
Im Grunde will er es auch gar nicht, aber er tut es, weil er gekränkt ist.
Der höchste Grad ist dann erreicht, wenn ein Mensch unversöhnt stirbt.
Das ist regelrecht furchtbar.
Wie die Heilige Schrift an anderer Stelle sagt, kann dies sich auf Generationen, Kinder und Kindeskinder auswirken, bis in die dritte und vierte Generation. Es kann wie ein Fluch werden, unversöhnt zu sein.

Was kann man tun?
Wenn es nur so leicht wäre!
Manchmal wünschte ich mir, dass man einfach den Hebel herum legen könnte, einen Schalter ausschalten.
Wenn´s nur so leicht wäre! Aber das ist es nicht.
Zur Quelle finden, heißt nämlich auch, gegen seinen eigenen Strom gehen.
Ich komme noch einmal zum Anfang zurück.
Nach christlicher Auffassung liegt das Gute nicht in uns selbst, denn wir sind – bei allen guten und hoffnungsfrohen Seiten – von dem gezeichnet, was die Kirche seit ihrem Beginn *Sünde* nennt.
Es gibt einen Sund, eine Trennung, eine Trennung von Gott, als Quelle des Lebens.

Der Anfang aller Heilung ist, nicht aus sich selbst die Heilung
zu suchen, sondern in Jesus Christus. Der Anfang der Heilung ist, sich nicht selbst zu rechtfertigen, nicht vor anderen, nicht in der Öffentlichkeit, sondern Gottes Liebe neu zu spüren, die allein mich gerecht macht. Ich tue es nicht selber. Gott ist meine Gerechtigkeit, nicht mein Denken und Fühlen.

Christus hat das Leid der Welt getragen, wie wir sagen. In ihm hat Gott an der Welt gelitten, gewiss auch an uns, an dir und mir.

Aber Christus war und ist nicht beleidigt. Das sollte unsere Rettung werden.

Ein Lehrer unserer Kirche hat das kürzlich in einem wunderschönen, plastischen und unverkrampften Bild dargestellt:
dem Navi im Auto
Viele benutzen heute beim Autofahren ein Navigationsgerät.
Ich habe auch eins. Es zeigt dir das Ziel an.
Auch hier ist klar: Bilder sagen nie alles und schon gar nicht über Gott, weil Gott größer ist, als unsere Vorstellungen von ihm.
Zum Beispiel passt das Bild nicht an der Stelle der Programmierung.
Ich kann Gott nicht programmieren, wie ein Navi.
Aber an anderer Stelle – heute in unserem Zusammenhang – passt es ausgezeichnet.

Also: mein Navi berechnet mir gute und günstige Wege. Es ist mir eine Hilfe auf meinem Weg zum Ziel. Es leitet mich, macht Stauansagen und berechnet Umwege. Manchmal sagt es auch: Achtung! Gefahr voraus!
Jüngst fuhr ich nach Dresden, da kam plötzlich die Durchsage, dass ein Kleiderständer auf der A 4 läge. Ein Kleiderständer auf der Autobahn!
Ich musste erst lachen; aber von wegen. Das kann tödlich werden, dort mit 150 Sachen drauf zu fahren. Gut, dass ich mein Navi hatte.
Eines ist an ihm auch besonders schön; überdies bin ich genau deshalb an dem Werk noch nicht verzweifelt und habe es schätzen gelernt:
Es nimmt mir nicht wirklich etwas übel.
Nein, das macht kein Navi.
Wenn ich nicht so fahre, wie es mir das anzeigt, wenn ich meinen eigenen Kopf durchsetze, beginnt es immer wieder von vorn an zu rechnen. Egal, auf welche Schotterpisten ich durchgeschüttelt abbiege in dem Wahn, das müsse jetzt sein; immer wieder sucht es den guten Weg zum Ziel.
Wenn das Navigationsgerät so wäre, wie wir, würde es sich vielleicht beleidigt ausschalten. Schluss, aus vorbei.

Dieser dusslige Fahrer hat mich nicht verdient. Ich mache nicht mehr mit. Soll er doch in´s Unglück, in unserem Falle in die Verbitterung fahren, weil etwas nicht so geworden ist, wie ich es dachte.

An dieser Stelle ist Gott wie mein Navi.
So verheißt es Jesus Christus.
Er nimmt mir meine Eskapaden nicht wirklich übel und macht nicht Schluss, sondern justiert neu.
Er will, dass ich an´s Ziel komme, gut nach Hause und nicht rechthaberisch in die Hölle; überdies auch schon auf Erden, meinen Schwestern und Brüdern zur Last.

Jesus sagt uns heute:
Geistlich ist es nötig, andere Stimmen, als meine eigene zu hören.
Das schenkt der Heilige Geist dem, der wirklich darum bittet.
Bitte lieber Mensch, komm zurück! Mache dich nicht unglücklich!
Lenke ein! Gib nach, gib auf, was dich krank, neidisch, bitter macht!
Sieh das Gelungene, das woran du auch so viel Anteil im Dienst der Liebe hast! Was hat Gott schon alles geschenkt!

Noch nie waren alle Wege gerade und noch nie hat nur ein Mensch immer recht, weswegen es von Anfang an in der Kirche so war, das wir gemeinsam entschieden haben.
Dahinter steckt die Einsicht: wir brauchen einander, wir müssen es lernen, uns unterzuordnen, uns korrigieren zu lassen und nichts auf eigene Faust durchsetzen wollen.
Denn wir leben nicht aus der eigenen Gerechtigkeit, sondern aus der Gottes. Nur einer hat Recht – Gott selber. Und sein Recht ist Liebe.
Wer das einmal gespürt hat, von dessen Leben werden tatsächlich Ströme lebendigen Wassers fließen, bis sein Lebensbrünnlein in das Meer der Liebe Gottes einfließt.

Auch aus dem Bittersud, aus der Säure wird edles Wasser. Es ist das Wasser, mit dem wir getauft sind auf den Namen des Vaters des Sohnes und des Heiligen Geistes.
In ihm wird unser ruheloses Herz Ruhe finden, hier und in Ewigkeit.
Amen.

Predigtlied EG 320.1-4

Sehr lebendig

<u>Predigt über 1.Petrus 2.21b ff Misericordias Domini</u>

Christus hat gelitten und hat für euch ein Vorbild hinterlassen.
Seinen Fußtapfen sollt ihr nachfolgen;
er, der keine Sünde getan hat und in dessen Mund sich kein Betrug fand;
er, der nicht widerschmähte, als er geschmäht wurde,
nicht drohte, als er litt;
er stellte es aber dem anheim, der gerecht richtet;
er der unsere Sünde selbst hinaufgetragen hat an seinem Leibe auf das Holz, damit wir, der Sünde abgestorben, (nun) der Gerechtigkeit leben.
Durch seine Wunden seid ihr heil geworden.

Es ist eine der schwierigsten Fragen von 2000 Jahren Kirchengeschichte, die uns heute begegnet:
Sind wir wirklich ohne Sünde?
Sind wir wirklich *der Sünde abgestorben*?
Im 1.Petrusbrief des Neuen Testamentes wird das als eine ganz klare Aussage und Feststellung formuliert: *wir sind* tatsächlich *der Sünde*, wörtlich: *den Sünden abgestorben*. *Abgestorben* meint tot.
Einem Toten kannst du z.B. kein Leid mehr zufügen, auch nichts Gutes mehr tun. Er ist für uns nicht mehr erreichbar.
Wir sind für die Sünden nicht mehr erreichbar.
Sie treffen bei uns in Leere, steht hier in der Bibel.

Man muss über keine kirchengeschichtlichen Kenntnisse verfügen, um sofort zu ahnen, dass die Frage, ob das wirklich so ist, bis heute stark diskutiert wird, etwa auch im ökumenischen Gespräch.
Dies geschieht meist aus einem sehr schlichten, nämlich persönlichen Grund: wir sündigen kräftig, werden immer wieder schuldig.
Ja manchmal hast du nur die Wahl zwischen Übeln!

Es mag zwar ein paar Menschen geben, die auf andere so wirken, als hätten sie noch nie Schuld auf sich geladen oder sie wären perfekt. Kein vernünftiger Mensch glaubt ihnen; wenigstens nicht auf Dauer.
Es ist geradezu eine Dimension des Menschseins, dass wir auch finstere Bereiche unserer Seele haben und Böses denken, sagen und tun. Alles andere wäre ein verzerrtes Menschenbild.

Nur kurz: in der Weltgeschichte haben die großen Tyrannen und Diktaturen bis heute dieses falsche Menschenbild überliefert,
als könnten sie quasi einen „neuen Menschen" aus ihrer Ideologie hervorbringen.
Mit millionenfachem Mord – ggw. etwa wieder mit hundertfachem Mord in Syrien – hat das die Geschichte blutig gemacht.
Es ist eine der Stärken einer – gewiss fehlerhaften, unvollkommenen - Demokratie und Freiheit, in der wir leben dürfen (!), so etwas nicht zu behaupten und zu wollen.
Gewiss wollen wir Menschen zum Guten erziehen und werden doch immer wieder, angefangen bei uns selbst, auch Grenzen erleben.
Und es ist eine weitere Stärke unserer Freiheit, dass es Recht und Gesetz gibt, die Grenzen ziehen und das böse Tun bestrafen, auch wenn das schon wieder nicht perfekt ist, wie wir täglich sehen.
Aber ich will mich nicht weiter über Gesellschaftstheorien verbreiten, sondern mit euch geistlich und seelsorgerlich fragen, wie es um die Spannung steht, dass Gottes Wort behauptet: *Wir sind für die Sünde abgestorben,* tot, sie erreicht uns nicht mehr und der ehrlichen Erfahrung, das es praktisch anders ist.

Was ist damit gemeint und was macht das mit uns, wenn wir es durch Gottes Heiligen Geist verstehen und annehmen lernen?
Gemeint ist genau das, was da steht!
Wir müssen ganz genau das Wort der Heiligen Schrift hören.
Wir sind – wörtlich – *den Sünden abgestorben*.
Die *Wurzelsünde* – wir sagen bis heute völlig zu Recht: die *Erbsünde* – unsere Abkehr von Gott und unsere Tendenz, uns selber zum eigenen

Herrn und Gott zu machen; diese *Wurzelsünde* in der Gestalt der *vielen Sünden* im täglichen Leben, die aus dieser Quelle gespeist werden; diese *Wurzelsünde* trifft nur noch einen Toten.
Die Sünden sind zweifelsfrei da und treffen präzise.
Sie sind äußerst real, praktisch, greifbar, aber sie treffen einen Abgestorbenen. Und dem kann man nichts mehr tun.
Die Sünden gehen sozusagen bei Glaubenden ins Leere.
Sie treffen uns als lebende Personen, als Menschen, die aus der Liebe Gottes leben, nicht mehr.
Sie treffen auf etwas anderes, besser auf **einen** anderen.
Sie treffen auf Jesus Christus, von dem einer der größten Sätze des Paulus sagt: *Gott hat den, der von keiner Sünde wusste, Christus, für uns zur Sünde gemacht.*

Das ist genau der Inhalt auch unseres Predigtwortes.
Die Wurzelsünde und die vielen Sünden treffen auf den Gekreuzigten und – lasst es mich zugespitzt sagen – toben sich dort aus.
Sie töten ihn und bringen ihn um.
Sie bekommen dort ihr letztes Recht, denn Böses muss gesühnt werden. Sie nehmen Jesus Christus für uns.
Daher sind wir der Sünde abgestorben, **tot** oder anders gesagt:
wir leben.

Wir leben trotz unserer Sünden in Frieden mit Gott, unserem Mitmenschen und hoffentlich auch mit uns selbst.
Ja wir leben sogar so seit unserer Taufe, dass nicht einmal der tatsächliche Tod, den jeder für sich sterben muss, uns dieses Leben nimmt. Wir wechseln dann nur den Raum, das Ufer, die Welt.

Der ganze Unrat unseres Lebens bleibt hier und einst im Sterben hängen. Er hängt am Kreuz.
Für uns zur Sünde gemacht stirbt Christus am Kreuz.

Längst sind diese glaubensstiftenden Worte des Paulus in den frühen christlichen Gemeinden immer wieder gehört und geschrieben worden. Die Christen – wir wissen nicht genau, wer sich als Verfasser hinter dem 1. Petrusbrief verbirgt – haben Paulus gekannt und sagen es wieder mit ihren Worten ihren Gemeinden. Was wir hier heute erleben ist ein, wie man manchmal etwas gestochen sagt: Rezeptionsprozeß. Oder einfacher gesagt, es ist gelebte Einsicht, gelebter Glaube der frühen Christen, bei denen das Wunder des Evangeliums längst wunderbare Früchte getragen hat. Sie führen Paulus fort, sie geben den Glauben weiter:

Als er, Christus, nicht wiederschmähte, als er geschmäht wurde, nicht drohte, als er litt, so stellte er es aber dem anheim, der
gerecht richtet, Gott;
er – Christus – hat unsere Sünde hinaufgetragen an das Kreuz, damit wir, der Sünde abgestorben, nun der Gerechtigkeit leben.
(Denn) *durch seine Wunden sind wir heil geworden.*
Was für beglückende Worte für den Menschen, dem es geschenkt ist, das zu hören und zu glauben.

Im Grunde könnte ich jetzt schon „Amen" sagen, weil alles andere sich von selbst versteht. Sozusagen „automatisch", jedenfalls für den, der das verstanden und angenommen hat.
Der Mitmensch – und das geht, wie wir auch aus Schrift wissen – beim *Nächsten* los, also z.B. in der Familie, in der Gemeinde, in einer Stadt, ist ein von Gott geliebtes Wesen.
Ich sage ihm ganz gewiss meine Meinung, von der wir wissen, dass es da vielleicht auch noch andere Meinungen gibt. Ich sage ihm, was ich als schlecht wahrnahm, aber ich stelle ihn nicht bloß. Ich entwürdige ihn nicht. Ich beschäme ihn nicht und setzte ihn nicht herab.
Nicht unter vier Augen, nicht in der Öffentlichkeit.
Wieso sollte ich es auch tun müssen.
Ich bin ja sozusagen tot, *der Sünde abgestorben,* also ich lebe doch.
Ich darf leben, wie auch mein Gegenüber.
Mein inneres Wesen, meine Seele, ist ja schon heil geworden.

Sie muss sich nicht am anderen Menschen abarbeiten, ihn klein machen, damit ich große werde.
Ich bin doch schon groß.
Klein ist Christus geworden.
Das ganze Furchtbare hängt am Kreuz.
Das hat keine Wirkung mehr bei mir „Toten“, der ich so gut leben kann und endlich **Wahrheit mit Liebe verbinde**.

Ich darf nun Wahrheit mit Liebe verbinden und aus Liebe die Wahrheit sagen, die niemand heruntersetzt, aber das Schlechte besser machen will.
Eine Liebe und Wahrheit ist es, die den Menschen um Gottes Willen Mensch sein lässt und darum auch zum Menschlichen, Mitmenschlichen drängt, manchmal auch, wie durch ein Opfer.
Hier sind wir nun am *Eingang des biblischen Wortes*. Seinen *Spuren* sollen wir folgen, ihm nachfolgen, Vorbilder werden, nicht weil wir so toll und perfekt sind, sondern weil wir so geliebt und angenommen sind.
Nun können wir uns wie Jesus Christus verhalten; ihm ähnlicher werden, gut werden, als Menschen mit Sünden und Fehlern.
Ich bin mir sehr sicher, dass das auch **mit Opfer zu tun hat**, wie Christus sich selbst gab. Christsein ist dort am glaubwürdigsten, wo es diese Bereitschaft zeigt. Ein Opfer an Zeit, Möglichkeiten, Gütern und Gaben bis hin zur größten Gabe: auch einmal etwas aushalten und erleiden können, *Kreuz tragen*, sagt die Schrift - für seine Gemeinde und Kirche, Gesellschaft und Bürgerschaft, für die Menschen, mit denen wir leben.

Ich liebe das alte biblische Wort des *Dankopfers*, weil es mir ermöglicht Gott das zu bringen, was ich bringen kann, weil er mir das geschenkt hat, was ich nie hätte tun können: mir vergeben. und mich trotz meiner Fehler und Sünden aufstehen lässt.
Gott sei Dank. Amen.

Mit Freunden bitten und beten

<u>Predigt über Lukas 11.5-8 Rogate 2011</u>

Und Jesus sprach zu ihnen: *Wenn jemand unter euch einen Freund hat und ginge zu ihm um Mitternacht und spräche zu ihm: Lieber Freund, leih mir drei Brote;*
denn mein Freund ist zu mir gekommen auf der Reise, und ich habe nichts, was ich ihm vorsetzen kann, und der drinnen würde antworten und sprechen: Mach mir keine Unruhe! Die Tür ist schon zugeschlossen und meine Kinder und ich liegen schon zu Bett; ich kann nicht aufstehen und dir etwas geben. Ich sage euch: Und wenn er schon nicht aufsteht und ihm etwas gibt, weil er sein Freund ist, dann wird er doch wegen seines unverschämten Drängens aufstehen und ihm geben, so viel er bedarf.

In den meisten von uns ist eine Eigenschaft angelegt, die manchmal überlebenswichtig ist. Es ist die Fähigkeit, *in der Not zu Drängen und um das als wichtig Wahrgenommene zu kämpfen.*
Ich erlebe das z.B. in Gesprächen manchmal, etwa bei Menschen, denen man eine ernsthafte Erkrankung diagnostiziert hat.
Sie fangen an zu laufen, zu telefonieren, machen sich kundig;
heute auch im Internet. Man möchte die bestmögliche Behandlung.
Falls jemand seiner Freunde einen guten Arzt für seine Krankheit weiß, wird *gedrängt:* Kann er mir helfen? Wie komme ich an ihn heran?
Kann ich möglichst zeitnah einen Termin kriegen?
Gibt es da Beziehungen? Alles andere muss zurückstehen.

Das alles ist ein völlig normaler Vorgang. Wir wollen, dass es uns und unseren Kindern und natürlich auch unseren Freunden gut geht.
In unserer heutigen hochkomplexen Welt ist diese Eigenschaft noch nötiger. Man kann gewiss sagen: wer sie gut beherrscht, hat bessere Chancen und wer gleich aufgibt, hat schon verloren.

Das gilt auch von allen anderen Lebensbereichen,
sogar von der Kirche.
Wie haben wir etwa in unserer Kirchgemeinde um diese herrliche Kirche gekämpft. Das kam nicht einfach von selbst.
Ohne das beständige Ringen und *Drängen*, Verhandeln und Anklopfen hätten wir sie nicht mehr; auch keine Orgel, keinen Altar.
Wie haben wir auch um unsere beiden Evangelischen Schulen gekämpft. Was haben einige von uns dafür auch eingesteckt.
Und das wird alles auch immer so bleiben, selbst wenn eine gewisse Phase der Stabilität eingezogen ist.
Nichts kommt von selber. *Alles bedarf des Drängens, sagen wir es biblisch: des Bittens.*
Und sagen wir es im Blick auf unseren Glauben und von Gott:
Alles bedarf des Betens.

Das Gleichnis Jesu muss jedem für sein alltägliches Leben einleuchten. Es ist diese schlichte Schönheit der Gleichnisse Jesu, die bis heute jeder Mensch verstehen kann.
Das Beispiel von heute ist geradezu simpel.
Jemand bekommt überraschend Besuch von einem Freund. Bei den allermeisten von uns – gerade auch bei jungen Leuten, wie unseren Schülern – steht *Freundschaft* hoch im Kurs. Es wäre geradezu grauenvoll, wenn wir keine Freunde haben würden, die zu einem stehen. Sie sind zusammen mit der Familie wie ein Fels in der Brandung. Es versteht sich von selbst ein guter Gastgeber zu sein.
Und ich weiß von einigen Besuchen im Nahen Osten: dort gehört Gastfreundschaft noch viel mehr zur Grundtugend.
Freilich hat unser Freund im Gleichnis Jesu das Problem, dass er mit dem Besuch an diesem Abend gar nicht gerechnet hat und nichts zu Essen zu Hause hat. Kühlschränke gab´s damals noch nicht.
Nun geht er borgen und *springt dabei sozusagen über seinen Schatten. Er springt über seinen Schatten* und wird, man kann sagen fast unanständig. Er drängt einen anderen Freund und holt ihn aus dem Bett.

Zur Zeit Jesu war es bei den einfachen Leuten fast immer so, dass die ganze Großfamilie in einem Raum schlief.
Es war meist eine Art Galerie; unten waren die Tiere, die es im Winter schön warm hielten und oben schlief man.
Manche Fachleute sagen deshalb: der Stall von Bethlehem, wo Jesus geboren wurde, könnte auch das bescheidene Wohnhaus einer Familie gewesen sein. Man war mit den Tieren und der Großfamilie zusammen.
Mit anderen Worten: da werden auch die Kinder und die Großmutter und auch die Schafe gleich mit geweckt, als der Freund beim Freund wegen des gekommenen Freundes Krach macht, drängt und bettelt.
Es geh nicht anders: *er bittet und bettelt, jammert und drängt* solange, bis er Milch und Brot hat. Er kann doch seinen anderen Freund nicht sitzenlassen.
Das alles ist zwar für den Aufgeweckten etwas stressig und nimmt ihm die Ruhe, aber es hilft nichts: Liebe und Freundschaft drängt.

Und genauso ist es bei Gott, verheißt uns heute Christus.
Ihn kannst du solange *bitten und drängen*, wie einen wirklichen Freund.
Gott kannst, ja sollst du *drängen.* Das ist eine wesentliche Seite unseres Glaubens.
Gewiss gibt es noch andere und gewiss ist Gott auch unverfügbar.
Aber es gibt eben *auch diese Seite*, die uns das Gleichnis Jesu vor Augen führt.

Wir haben gerade in unserer Gemeinde Besuch von Freunden bekommen. Nicht überraschend, sondern ziemlich lange vorbereitet.
An Nahrungsmitteln und guten Ideen fehlt es uns jetzt nicht, aber vielleicht werden wir durch unsere Freunde aus Beith Yala bei Bethlehem, wo einst Jesus geboren wurde, an etwas erinnert, dass wir hier in Deutschland nicht mehr kennen, aber noch wissen, wie es war.
Sie leben hinter einer Mauer.
Sie leben hinter einer Mauer, die auch Freunde von uns errichtet haben: Israelis.

Ich will ein paar Sätze dazu sagen.
Wir Christen, gerade in Deutschland, haben zu Israel ein besonderes Verhältnis. Juden haben uns das Alte Testament geschenkt. Und Jesus ist im Volk der Juden geboren worden. Viel zu viele unserer Vorfahren haben vor 70 Jahren diesem Volk Schlimmes angetan.
Wer das vergisst, vergisst sich selber.
Dass unsere Kirche St. Wolfgang am Ende des Zweiten Weltkrieges brannte, war auch das Ergebnis dieser Schande.
Angst, ein Trauma der Vernichtung, regiert das mittlerweile sehr stark gewordene Israel und es gibt bis heute Menschen und Gruppen, die das Land vernichten wollen. Die gibt es ohne Zweifel.
Nun aber haben sie sich eingemauert und bauen einfach Siedlungen auf das Land der Menschen Palästinas. Sie tun Unrecht.
Und andere unserer Freunde, darunter viele Christen, leiden darunter.
Die Mauer müsstet ihr einmal gesehen haben! Sie ist acht Meter hoch!
Ich war mit einigen von euch vor einigen Monaten dort.
Wir Touristen können durch. Wir haben einen akzeptierten Pass.
Die meisten Leute aus Palästina nicht.

Lasst mich ein beredtes Beispiel erzählen:
Ein Teil der Gruppe unserer Gäste musste vorgestern einen riesigen Umweg über Jordanien und Ägypten machen und durfte nicht an den 50 km entfernten Flughafen Tel Aviv. Man behandelt sie wie Menschen zweiter Klasse. Als mir das die Leiterin der Gruppe schrieb, dachte ich: das gibt es doch nicht. Aber es ist die Realität.
Diese Realität ist bitter und ich weiß von etlichen sehr anständigen palästinensischen Freunden, wie sie auch bitter geworden sind und bitter reagieren. Ihr könnt es manchmal mehrfach die Woche auch im Fernsehen besichtigen.

Was kannst du tun?
Ich denke meistens: nichts! Gar nichts!
Das ist zu weit entfernt, zu verfahren und außerdem haben wir auch genügend Sorgen. Nichts kann man tun.... Wirklich?

Nehmen wir einmal an, diese Grundhaltung würde sich in unserem Leben und Denken verfestigen, es wäre dann dasselbe, als wenn der Freund im Gleichnis Jesu zum Freund der auf Besuch kam, sagen würde: Hau wieder ab! Es geht nicht!
Geht nicht, wird nichts!
Zu bist zwar ganz nett, aber ich habe nichts, was ich dir geben könnte.
Der Freund wäre ab diesem Moment nicht mehr Freund.

Gott will es anders.
Auch deshalb, weil der Überraschte, ich meine uns, doch etwas hat, was er kann, wie im Gleichnis.
Er kann Bitten und Betteln bei seinem Nachbarn. Er wird seinen anderen Freund solange *belästigen* und auf die Nerven gehen, bis der seine Kinder und Großfamilie mitten in der Nacht verschreckt, und aufmacht. Es kann sogar sein, dass der intern im Haus Ärger kriegt.
Aber das ist nichts, gegenüber der Freundschaft, die leben muss.
Eine Freundschaft, die um der Freunde leben muss und aus einer inneren Notwendigkeit kommt. Sie kommt *wegen Gott, der genauso ist.*

Vielleicht verstehen wir es leichter mit *Jesu Worten.*
Das ist und bleibt das *Glaubensleben. Es ist ein Gebetsleben*.
Es ist ein *Bittstellerleben*. Es klopft und hämmert an verriegelte Türen, weil es etwas als richtig erkannt hat, genauso als wenn ich dringend zu einem guten Arzt muss, der meiner Krankheit hilft.
Es ist normal, dass wir das tun.
Das ist die Aufgabe der Kirche: zu Beten und betend Gerechtigkeit und Frieden zu suchen.
Dabei stehen wir klassisch oft zwischen den Stühlen.
Es ist der klassische Platz Jesu.
Allein dieser Platz, der Kreuzplatz, ist aber der Ort des Heils und wo das Heil auf Erden sichtbar wird.

Heute am Sonntag des Gebetes, wollen wir um Frieden bitten,
in unserem Herzen, in unserem Leben,

heute besonders für unsere Freunde in Palästina und Israel.

Gott helfe uns zu dieser Gnade.

Amen.

Predigtlied:

Singt von Hoffnung, Neues Sächs. Liederbuch

0118.1-3, Gut, dass wir einander haben ....

Zum Glück war es das Altersheim

Predigt über Joh. 16.13-14 Pfingsten 2011

Christus spricht: Wenn aber der Geist der Wahrheit kommen wird, wird er euch in alle Wahrheit leiten. Denn er wird nicht von sich aus reden, sondern was er hören wird, das wird er reden und was zukünftig ist, wird er euch verkündigen.

Im Johannesevangelium ist der *Begriff der WAHRHEIT* ein Schlüsselwort. Im Pilatusverhör wird etwa Jesus sagen,
dass *er gekommen sei, die Wahrheit zu bezeugen*, worauf der Römer zurückfragt: *Was ist Wahrheit?*
Schon zu Beginn heißt es, dass *die Wahrheit und Gnade durch Christus gegeben ist*; etwas später folgt die Verheißung des Herrn, dass *uns allein die Wahrheit frei machen wird* und
Jesus selber Weg, Wahrheit und Leben ist.
Und nun *leitet uns der Geist aus Gott und Christus in alle Wahrheit.*
Dazu wird nicht gesagt, was denn Wahrheit ist, aber der Weg des Geistes beschrieben.
Seine Mitteilung der Wahrheit erfolgt *nicht aus sich selbst*, sondern aus *dem Hören*. Was der Heilige Geist von Gott selber über Jesus hört, ist Wahrheit, so Johannes.
Etwas steil gesagt können wir sagen: sogar der Heilige Geist als Teil der göttlichen Person tritt zurück hinter das Wort Gottes.
Das Wesen der Wahrheit erkennen wir also im Sich-Selber-Zurückstellen. Dies geschieht sogar innerhalb der göttlichen Dreifaltigkeit, lehrt uns heute die Heilige Schrift.

Das ist überhaupt nicht schwer zu verstehen.
Ein guter Mathelehrer ist ein Lehrer, der gut Mathe lehrt und nicht ein Lehrer, der nur so aussieht, als ob er gut Mathe lehren könnte und sich nur selber darstellt.

Es kommt darauf an, dass der Lehrer seinen eigenen Stoff verstanden hat und liebt, begeistert davon ist, weil er weiß, dass wir die Rechenkunst alle für unser Leben dringend brauchen, z.B. um nicht betrogen zu werden. Und der gute Mathelehrer muss die Schüler irgendwie mögen. Ihm muss daran gelegen sein, dass sie möglichst viel von seiner Wissenschaft aufnehmen und nicht bloß für die nächste Klausur herleiern können, um es im nächsten Augenblick vergessen zu haben.

Der gute Lehrer ist also Sprachrohr, Dolmetscher, Interpret.

Er tritt zurück und nicht hervor.

Wie der Geist, der heilig ist und den wir heute feiern.

Viele wachsen heute mit Prägungen auf, die ihnen weismachen wollen, dass es wichtig ist, **wie** man wirkt, aber nicht **was** man wirkt.

Hauptsache scheint, etwas für sich herauszuschlagen und sei es durch Schein. Dieser Weg ist ein Irrweg. Er führt nicht zur Wahrheit, sondern zur Lüge, auch zur Selbstlüge.

Was wird jungen Leuten heute etwa in unserer westlichen Mediengesellschaft vorgemacht.

Es gleicht meist einer menschlichen Erniedrigung, die den Machern mit falschen Träumen junger Leute Millionen und den Träumenden Demütigung beschert.

Die biblische Wahrheit ist, dass ein Wesen, eine menschliche Person, ein geliebter Mensch dann zu seiner Entfaltung kommt, wenn durch ihn eine gute Sache – wie die Mathematik bei unserem Lehrer – weitergegeben wird, eben dann, wenn ein Mensch sich mit einer Aufgabe identifiziert

Wahrhaftige Menschen sind Menschen, die sich nicht selbst in den Mittelpunkt stellen, sondern dienen und die hohe Kunst erlernt haben, sich hinter eine gute Sache zu stellen und nicht davor.

Sie sind geistbegabt.

Ihre Existenz ist Liebe im Dienst des Lebens.

Genau das hört und erzählt der Heilige Geist weiter.

Er erzählt von Jesus, Gottes Sohn, der bis zum Kreuz geht um der Menschen willen.
Was heißt das alles für uns?
Es bedeutet zunächst eine riesige Befreiung.
Wir werden sozusagen von uns selber befreit, ständig uns selber hinterherlaufen zu müssen und uns genau dadurch zu verlieren.
Wir drehen uns plötzlich um viel besseres, als um die eigene Achse, die meist zum Strudel und bald abgründig wird.
Wir werden durch Gottes Geist frei, auch von uns selber, um uns so im Angesicht Jesu und der Kraft des Geistes wiederzufinden.

Ich habe das erst dieser Tage wieder einmal sehr schön erlebt und begriffen; man muss es wohl wieder und wieder angreifen, anfühlen.
Mitten im Gewühle und den Drehungen des Tages, mitten in schwierigen Fragen, klingelt unpassend das Telefon.
Ich dachte an der Nummer erst, es sei ein sogenannter ´wichtiger´ Mensch, dem ich nun mitteilen könne, was ich gerade denke.
Nein, es war „bloß" eines der mittlerweile drei Altersheime der Stadt.
„Entschuldigen Sie tausend ´mal, Herr Pfarrer, dass wir stören ..."
sagt jemand und dann: da wäre ein Mann gerade eingezogen; er läge wahrscheinlich im Sterben. Er sei zwar nicht von hier, aber wollte irgendwie einen Pfarrer zum Beten.
´Meine Herrn!´ denkt der alte Adam in mir, ´Altersheim´.
´Muss das jetzt sein?´
Ich war gerade so schön mit der Gerechtigkeit an sich, der Welt im Allgemeinen und unserer Gemeinde im Besonderen beschäftigt.
Und nun Altersheim.

Zum Glück fällt mir wieder einmal der alte herrliche Satz ein:
Was würde Jesus jetzt machen?
Ich muss nicht auf Antwort warten, sondern gehe zu einem Mann in seinen letzten Tagen in das Altersheim.
Er kann nichts mehr, er scheint nichts mehr, wird nicht mehr lange sein.
Und ich stehe da und nehme seine Hand. Die Schwester entschuldigt

sich nochmal und ich sage ihr, dass die das nicht müsse, weil sie mir gerade ein gutes Werk getan habe.
Mir wird´s wärmer um´s Herz.
Gott sei Dank kenne ich Paul Gerhardt Strophen und ein paar Psalmen und Christusworte. Die bete ich da über dem alten Menschen.
Mehr nicht – und doch alles.
Ich trete wie weg und bin völlig da. Ich bin auch bei mir.
Und ich fühle, wie Jesus mit im Zimmer ist.

Zu Hause angekommen hat sich keine meiner Sorgen geändert,
aber gelöst. Sie haben sich gelöst von ihrer die Seele klebrig machenden Seite.
Die Schwester, die da unsicher anrief und der alte Mann, beladen mit seinem Leben, von dem ich nichts weiß, aber der noch nach einem Gebet rief, waren voll Heiligen Geistes – jedenfalls für mich Entgeisterten. Plötzlich hakt auch mein Geist wieder wie ein.
Der hatte gekreiselt, nun ist er wieder halbwegs klar.
Er hatte plötzlich etwas anderes, etwas von drüben in jener Stimme am Telefon gehört. Etwas, das weg von mir führte und darum zum Zentrum, zu Jesus Christus.
Und darum war ich auch wieder bei mir.
Das war Gottes Geist. So ist er nach der Schrift.

Er zeigt uns den Gekreuzigten und Auferstandenen.
Was er hört, kommt aus der Liebe des Herzens Gottes, aus etwas unglaublich Schönem, ewigen, nicht kurzzeitigen, aufgewallten, rechthaberischen.
Irgendwas hörte da etwas von drüben und verwandelte in einem Schlag das hüben.
Ich wünsche uns allein ein segensreiches Pfingstfest im Geschenk des Heiligen Geistes der uns dadurch adelt, dass er uns zu Christus führt und auch ein Stück weg von uns selber, uns und vielen zum Segen.
Amen.
Predigtlied EG 128.1-5 Heil´ger Geist du Tröster mein

Dorfkino

Predigt über Hebr. 8.1-6 Kirchweih 2009 Griesbach

Das ist nun die Hauptsache bei dem, wovon wir reden: Wir haben einen solchen Hohenpriester, der da sitzt zur Rechten des Thrones der Majestät im Himmel und ist ein Diener am Heiligtum und an der wahren Stiftshütte, die Gott aufgerichtet hat und nicht ein Mensch. Denn jeder Hohepriester wird eingesetzt, um Gaben und Opfer darzubringen. Darum muss auch dieser etwas haben, was er opfern kann. Wenn er nun auf Erden wäre, so wäre er nicht Priester, weil da schon solche sind, die nach dem Gesetz die Gaben opfern. Sie dienen aber nur dem Abbild und Schatten des Himmlischen, wie die göttliche Weisung an Mose erging, als er die Stiftshütte errichten sollte: »Sieh zu«, sprach er, »dass du alles machst nach dem Bilde, das dir auf dem Berge gezeigt worden ist.«
Nun aber hat er ein höheres Amt empfangen, wie er ja auch der Mittler eines besseren Bundes ist, der auf bessere Verheißungen gegründet ist.

Fast am Ende des Neuen Testamentes findet sich eine späte Schrift der apostolischen Überlieferung, der Hebräerbrief, der in der Geschichte des Christentums bis in unsere Tage eine gewaltige Wirkung hat.
Der Text beschreibt die Person und das Werk Jesu Christi auf dem Hintergrund des jüdischen Priestertums und gelangt zu der Spitzenaussage, dass *Christus der Hohepriester Gottes ist,* der an seinem Leiden und Sterben das *Opfer*, das uns mit Gott versöhnt,
für immer und ewig vollbracht hat.
Heute werden wir mitgenommen in ein inneres Geschehen, das sich einst im Tempel der Juden vollzog und nun durch Jesus uns allen gilt. Es ist – wie manchmal in der Schrift – ein Geschehen, dass uns wie in ein Stück, in eine Aufführung mitnimmt, in der wir glauben und erkennen lernen. Wir sprechen heute manchmal auch von einem Zeichensystem oder einer Performance.

Wir gehen in etwas hinein, um etwas, was uns weiterbringt zu erleben. Dann gehen wir wieder heraus und lassen auf uns wirken, was da war und werde dadurch verändert.

Der Hebräerbrief hat mit seiner Weise, Jesus Christus zu verkündigen, maßgeblich dazu beigetragen, den christlichen Gottesdienst, wie wir ihn auch jetzt feiern dürfen, zu prägen.
Es ist ein Geschehen, das den unfertigen, unheiligen Menschen in die Heiligkeit und das Geheimnis des dreieinen Gottes hineinnimmt, so dass wir geheiligt werden und gestärkt in unseren Alltag zurückkehren. Zurückkehren, als Menschen, mit denen etwas geschehen ist, in denen sich *Glaube, Hoffnung und Liebe* ereignet.

Das klingt vielleicht alles etwas steil. Man kann es auch einfacher sagen.
Der bekannte Entertainer Harpe Kerkeling hat das für mich vor einigen Tagen in einem spannenden Vergleich beschrieben. Kerkeling hat jüngst ein schönes Buch veröffentlicht: „Ich bin dann mal weg" - über seine Wanderung auf dem Jakobsweg. Das kommt z.Zt. wieder sehr in Mode. Offensichtlich gibt es nach solchen Erfahrungen eine große Sehnsucht. Kerkeling beschreibt seine religiösen Erfahrungen und Eindrücke und wie er irgendwie neu zum Glauben und zu Gott gefunden hat.
In einem Interview sagte er vor einigen Tagen dazu folgendes sinngemäß: *Gott und der Glaube* sei für ihn im Bilde gesprochen wie *der schönste Film der Welt*, aus dem du gerührt nach Hause gehst und der dich gepackt hat. Die *Kirche* aber sei wie das *miese Dorfkino*, in dem der Film gezeigt wird.

Das miese Dorfkino, in dem der Film gezeigt wird.
Als ich das im Autoradio hörte, musste ich erst lauthals lachen, aber dann hat mich der Vergleich und das Bild (mehr ist es ja nicht) irgendwie fasziniert. Da ist in doppelter Hinsicht etwas Richtiges gesagt.

Gott und seine Liebe in Christus steht nicht in Frage.
Es ist die größte und schönste Sache in Zeit und Ewigkeit, Leben und Sterben; im Bild: „der schönste Film der Welt".
Aber das ganze muss sozusagen auch irgendwo gezeigt werden, nämlich in der Kirche. Wie der Film ein Kino braucht, braucht Gott einen Ort, wo er fühlbar wird.
Irgendwo muss das sozusagen stattfinden, erlebbar werden.
Und witzig, wie Kerkeling ist, sagt er: es ist ein ziemlich mieses Dorfkino.
Er meint sicher: irgendwie schlecht gemacht, schnuddelig, menschlich durchwachsen, überaltert und mit abgesessenen Sitzen,
schlechter Luft usw.
Aber immerhin läuft dort der Film. Dort wird der Inhalt gezeigt.
Der Film kann ja nicht nur im Kopf stattfinden, sondern braucht eine Projektionsfläche.

Im ersten Moment dachte ich: dem Harpe musst du einmal eine email schicken und dich auslassen über seine Gemeinheit und dass ich mir für unsere Gemeinde den Schuh nicht anziehe; von wegen mieses Dorfkino. Ich habe ihm nicht geschrieben.
Wenn ich es doch noch machen sollte, werde ich mich wahrscheinlich für das treffende Bild bedanken.
Denn wir müssen nicht den Akzent auf ´mies´ legen, sondern auf ´Kino´.
Selbst das schönste Kino wird irgendwann älter und muss immer wieder renoviert werden. Auch die Technik verändert sich.
Aber es ist doch das Kino für ein Dorf, für einfache Leute vor Ort.
Es ist dafür da, dass ihr Alltag einen Rhythmus bekommt und sich das Leben immer einmal wieder aus dem Alltag erhebt, mit Sinn und Geschmack für mehr.

Ja, an dem Bild ist etwas dran. Es ist mit neuzeitlichen Worten dasselbe, was wir heute im Hebräerbrief lesen und hineingenommen werden in das Christusgeschehen; hineingenommen werden auf unseren ziemlichen harten Bänken hier in der Griesbacher Kirche.

Diese über 800 Jahre alte Kirche und ihre treue Gemeinde zeigt Gott, verkündigt Jesus Christus und bittet um den Beistand des Geistes.
Und seien wir bloß wie eine Art Dorfkino, na und!
Es kann nicht in jeder Kirche sonntags der Thomanerchor singen und Theologieprofessoren predigen. Aber irgendwo, irgendwie muss auch für uns etwas stattfinden. Für uns, in uns und mit uns.

Wir hören heute aus dem Hebräerbrief:
Das ist nun die Hauptsache bei dem, wovon wir reden: Wir haben einen solchen Hohenpriester – gemeint ist Christus – *der da sitzt zur Rechten des Thrones der Majestät im Himmel und ist ein Diener am Heiligtum und an der wahren Stiftshütte, die Gott aufgerichtet hat und ist nicht (nur) ein Mensch.*
Wir wissen heute immer mehr darum, wie wichtig es ist, unsere Kinder auch mit biblischen Geschichten und religiösem Wissen auszustatten.
Wir versuchen, das in unserer Gemeinde in Kinderarbeit, Kurrende und an der Schule, so gut es geht, zu leisten.
Im Alten Testament gab es seit Aaron – wir sprechen im Gottesdienst bis heute seinen Segen – *den Hohenpriester.* Das Wort wird bis heute zusammengeschrieben; es ist ein Eigenname.
Es war das Amt Israels, das wie kein anderes die Verbindung zu Gott darstellte, in dem dieser Priester das den Menschen versöhnende Opfer im Tempel darbrachte und am Versöhnungstag auf ein Lamm alle Schuld symbolisch übergab. Dieses Opfer war der Ausgleich für Unrecht, die Wiedergutmachung; schon die hebräische Bibel verwendet den Begriff „Sünde“. Hamartia, Sund, Abgrund.
Über diesen Abgrund, den der Mensch nicht überbrücken kann, hat nun Gott für immer eine Brücke gebaut. In seinem Sohn Jesus Christus wurde am Kreuz das Opfer vollzogen.
Jesus ging in die größte Niedrigkeit, in den Tod, er opferte sich.

Der Hohepriester, der sich selbst geopfert hat, lädt uns nun ein: kommt, kommt zu Gott, der Weg ist frei. Ihr seid geliebt, gewollt, gebraucht.
Was auch immer war, was auch immer an euch klebt, wie Dreck und Schande, es ist getilgt und ihr seid frei. Frei als Kinder Gottes zu leben und auch einst so zu sterben.

Nirgends wird dieses himmlische, innere und ewige Ereignis mehr abgebildet, *als im christlichen Gottesdienst*, auf den das Leben der Kirche wie fokussiert ist. Der Gottesdienst muss unsere geistliche Mitte sein. Luther hat sogar auch den Begriff der „Messe" beibehalten. In diesem Geschehen ist in seinem Wort und den Sakramenten sozusagen das Abbild des Himmels schon gezeigt.
Im Bilde: *wie in einem Film.*
Hier geschieht etwas Existentielles. Wir werden hineingenommen, mitgenommen, verwandelt.
In Wahrheit redet der Hohepriester zu uns und lädt uns an seinen Tisch. Und wir dürfen als Menschen, wie ein Filmvorführer im Dorfkino und die einfache Kartenfrau, dabei sein.
Wir dürfen es vorführen! Tatsächlich!
Wir dürfen im Geschehen sein und zugleich auf das Geschehen sehen und ergriffen werden. Dazu ist die Kirche da.

Gewiss, die Sessel nutzen sich ab. Es gibt viel zu fegen und zu wischen und die Besucher lassen manchmal Müll da.
Das Kino muss gepflegt werden. Ja es sollte möglichst schön sein; wir können es einladend gestalten. Wir können freundlich an der Tür begrüßen und alle paar Jahre müssen wir renovieren, keine Frage!
Aber egal, wie es im einzelnen ausgeht, das wichtigste ist, dass wir dabei sind. Uns wird unsere Erlösung in der Liebe Gottes gezeigt.

Immer wieder darf ich das auch hier mit euch erleben.
Ich komme sehr gerne hier zum Gottesdienst. Es ist ein Genuss.

Es ist so schön, manchmal abends vorbeizufahren und die alte beleuchtete Kirche zu sehen und zu wissen, dass hier Menschen mit diesem Gotteshaus leben.
Ich denke an den überdurchschnittlichen Gottesdienstbesuch, die schöne Kirchenmusik, eine wieder wachsende Kurrende, Gesprächskreise, ich denke an fleißige Kirchenälteste, die alles fein in Ordnung halten, ohne dafür einen Pfennig zu bekommen.

Manchmal bekommt die Seele hier Flügel.
Das Geschehen ist ein Abbild der himmlischen Wirklichkeit.
Es brennt sich ein als Erinnerung. Und diese Erinnerung ist wohl schon der Hinweis auf die Zukunft, die himmlische Stiftshütte, an der der Hohepriester für dich und mich Dienst tut und zum Thron des ewigen Vaters führt.
Wir dürfen als seine Gemeinde hier leben. Wir dürfen das leben, was leben wird.
Und das zeigt auch diese Kirche, der ich weiter eine lebendige Gemeinde wünsche.
Amen.

Predigtlied: EG 264.1-3 Die Kirche steht gegründet

Schaf mit Schweizer Fahne

Predigt über 1.Joh. 4.16b-21 zum 1.Sonntag nach Trinitatis 2010 anlässlich des Gottesdienstes als Abschluss der wissenschaftlichen Tagung „Cranach in neuem Licht“, St. Wolfgang zu Schneeberg, 4.-6. Juni 2010

Gott ist die Liebe; und wer in der Liebe bleibt, der bleibt in Gott und Gott in ihm. Und darin ist die Liebe bei uns vollkommen, dass wir Zuversicht haben am Tag des Gerichtes; denn wie er – Gott selber – in der Welt ist, so sind auch wir in der Welt.

Liebe Gemeinde, liebe Teilnehmerinnen und Teilnehmer des Symposiums „Cranach in neuem Licht“, liebe Freundinnen und Freunde von St.Wolfgang,
mit dem heutigen Sonntag beginnt die lange festlose Zeit im Kirchenjahr. Ganz lapidar werden die nächsten 21 Sonntage „nach Trinitatis“ heißen, ehe sich im November der Jahreslauf beschließt und mit Advent der neue Festkreis beginnt, der vorige Woche mit dem Trinitatisfest seinen letzten Höhepunkt hatte.
Die kirchliche Tradition meint es als Steigerung:
Weihnachten – Epiphanias – Passion und Ostern – schließlich Himmelfahrt und Pfingsten, bis im Trinitatisfest die Heilige Dreifaltigkeit Gottes gefeiert und angebetet wird. Darauf läuft es zu.

Das ist als Steigerung gemeint: von der Menschwerdung Christi bis zum Geheimnis der göttlichen Dreieinigkeit.
Freilich wird im allgemeinen Empfinden der Bevölkerung, auch der christlichen – hier im Erzgebirge immerhin ein gutes Drittel aller Menschen - das anders gesehen.
Der absolute Höhepunkt ist Weihnachten; hierzu gibt es keine Steigerung mehr. Und dann flacht die Kurve merklich ab.
Unser Festempfinden ist eben so.

Es gibt im Leben manchmal eine Diskrepanz von dem, wie es gemeint ist, zu dem, wie es gesehen und erlebt und schließlich auch gedeutet und vollzogen wird. Man könnte es auch mit dem heutige Predigttext nüchtern feststellen: *wir sind in der Welt*, was hier im Kontext meint:
wir sind *in der Welt*, die so ist, wie sie ist.
Auch der Glaube und die Religion – mit allen ihren Gütern: sei es das Kirchenjahr, die wunderbare Musik, die Kunst - z.B. die unserer Altäre – meinen etwas, was oft anders wahrgenommen wird.
Religion und Glaube ist auch *in der Welt*, die so ist, wie sie ist.

Hier nach St.Wolfgang finden im Jahr viele Gäste und Touristen ihren Weg. Die Zettel am Gebetskreuz oder die Eintragungen im Gästebuch, die brennenden Kerzen, sind ein Zeichen dafür.
Wir versuchen, ihnen freundliche Gastgeber zu sein und sinnvolle Angebote zu machen: Gottesdienste, Konzerte, Turmbesteigungen, Kirchenführungen, Gespräche, Seelsorge und manches mehr.
Ein besonderes Moment dieser Kirche ist natürlich ihr Altar aus den Händen Lukas Cranachs, der uns dieser Tage wissenschaftlich und historisch beschäftigt hat.
Wir geben uns redlich Mühe, seine Schönheit und Kraft auch den vielen Besuchern sozusagen "rüberzubringen".

Mir und unseren ehrenamtlichen Helfern passiert es dabei regelmäßig, dass bei der Erläuterung des berühmten Gegensatzes von „Gesetz und Gnade" die Rede auf das *Lamm zu Füßen des Kreuzes* kommt.
Es trägt die *Siegesfahne*, ein uraltes christliches Symbol *für das Werk Christi, sich wie ein Lamm dahinzugeben.*
Wenn ich gelegentlich eine Führung halte, frage ich fast immer ins Publikum: „Meine Damen und Herrn: Was sehen sie hier?"
Meist kommt nun eine herrliche Antwort:
„Ein Schaf mit Schweizer Fahne!"
„Ein Schaf mit Schweizer Fahne!", so schreiben es auch unsere Konfirmanden und Schulklassen meist auf ihre Arbeitsblätter.
Ein Schaf mit Schweizer Fahne!

Wir sind eben in der Welt, in der Welt des Jahres 2010.
Der ist *das Lamm, dass der Welt Sünde trägt und damit den Sieg der Liebe davonträgt*, unbekannt, fremd geworden.
Wir sind in einer religiösen Sprachlosigkeit angekommen und ich meine, wir sollten daran arbeiten, dass wir neu einen Zugang, eine Sprache finden.

Dazu ist gerade auch das Gespräch mit der Kunst und der Wissenschaft wichtig!
Mir macht es Freude, mit Menschen z.B. über die Bedeutung der christlichen Kunst zu sprechen, die keine kirchliche Sozialisation haben.
Es nötigt z.B. uns Pfarrer nach dem Elementaren zu fragen.

Und dabei befinden wir uns in bester Gesellschaft, so konnten wir die letzten Tage auch lernen.
Ich meine, wir haben oft ein falsches, ein glorifizierendes Verständnis der „guten alten Zeit". Aber das war auch alles durchwachsen; das war manchmal gar nicht so klar. Das alles war auch von Übergängen, von Grautönen bestimmt.
Z.B. hat es hier den radikalen bilderstürmerischen Bruch nie gegeben.
Luthers Genius bestand auch darin, die Menschen mitnehmen zu können und auf langsame Prozesse, gerade auch der Bildung und der inneren Auseinandersetzung zu setzen.

Wir haben hier in Schneeberg z.B. eine sehr gute Überlieferung von der Umstellung des Kirchenwesens von der katholischen zur lutherischen Tradition.
Damals war vielen Leuten – gerade auch hier im prosperierenden Erzgebirge – die damalige römische Kirche zu unglaubwürdig geworden.
Luther, überdies eines Bergmanns Sohn, worauf wir hier besonders stolz sind, kam ihrem Empfinden sehr nahe.
Nun wollten sie auf einmal alle evangelisch sein.
Aber was war denn das überhaupt, „evangelisch"?

In den Vorreden zu den Katechismusausgaben ab 1529 etwa haben wir die herzzerreißenden Sätze des Reformators Martin Luther, dass nicht einmal die Pfarrer das Einfachste verstünden.
Sie meinten zwar Gutes, aber was das ist, wüssten sie nicht.
Da war Übersetzungsarbeit nötig.

Für mich ist ein Teil des Dienstes der Kirche Übersetzungsarbeit geworden. Ich möchte gern Menschen mitnehmen auf eine innere Reise – zum Evangelium, zur Gnade, zur Freiheit, wie es die Bilder ausdrücken wollen.
Und es schadet überhaupt nicht, elementar zu fragen und etwa Leuten, die meinen, dort sei ein Schaf mit Schweizer Fahne zu sehen, den jahrtausendealten Sinn des *Agnus Dei, Lamm Gottes, der du trägst die Sünde der Welt,* nahezubringen:
Gott ist die Liebe.

So lesen wir es heute im Episteltext aus dem 1. Johannisbrief.
Deus caritas est, schreibt die lateinische Bibel und Luther übersetzt auf der Wartburg ins Deutsche: *Gott ist die Liebe.*
Das ist eine der *biblischen Spitzenaussagen des Christentums*.

Der Reformation um Luther und seine Freunde, darunter der Maler Lukas Cranach, war ja im Grunde nichts anderes, als der Versuch, dieses verschüttete Gut wieder hervorzusuchen und den Menschen möglichst lebensnah zu verdeutlichen.
Natürlich flogen damals etliche Fetzen und man schuf jede Menge Ungehobeltes, wie etwa auf der Rückseite unseres Cranach-Altars der Papst in der Hölle sitzt.
Ja, ja hier in Schneeberg sitzt der Papst in der Hölle!
Der hat ja auch damals schlimme Sachen gemacht.
Luther hatte man ja auch aus der Kirche geworfen.
Heute gehören ökumenische Kirchentage und Gottesdienste längst zum Allgemeingut.

Von allen Fetzen und Flocken, die die Zeitgeschichte immer hervorbringt abgesehen, war doch aber eben etwas anderes neu in den Mittelpunkt gerückt:
Jesus Christus, der Gekreuzigte und Auferstandene, wie ein unschuldiges Lamm für die Menschen geopfert, hat er die Liebe durch den Tod durchgehalten und damit ihren ewigen Sieg vollbracht:
Gott ist die Liebe.

Ich lernte dieser Tage z.B. aus den Vorträgen, dass sich möglicherweise eine Zeit lang im 17.Jh. über dem Mittelbild sogar noch eine Darstellung des Pfingstgeschehens befand. Diese Darstellung ist verlorengegangen.
Einmal angenommen, ich bekäme den Auftrag von unserer sehr verdienten sächsischen Denkmalpflege, einen Spruch, eine Überschrift über den Altar zu setzen: ich würde schreiben: *Gott ist die Liebe.*
Das wollte für mich Cranach malend predigen, so wie es Luther mit Worten tat, Bach und Mozart später mit Noten.
Die Liebe, die Gott selber ist und das *Angesicht Christi trägt*, ist die Botschaft, die alle einlädt.
Es ist die Botschaft, die die alte Kirche öffnet, ohne ihre eigene Wahrheit zu verlassen.

Dieser Prozess ist nie abgeschlossen, weswegen wir uns hier in unserer traditionsreichen Kirchgemeinde mit dieser wundervollen Kirche auch zur Aufgabe gemacht haben, ein Ort für zeitgenössische Kunst, für Musik zu sein und in ein Gespräch mit der Wissenschaft und den Menschen dieser Tage einzutreten.
Ich wünsche allen unseren Gästen gute Erinnerungen an Schneeberg und unserer Gemeinde, ihr wertvolles Kleinod in Glauben und Liebe und Offenheit vor den Menschen unserer Tage zu bewahren.
Amen.

Schwarze Stecken

Predigt über Genesis 1.1-3 19.April 2010,

65. Gedenktag der Zerstörung von St.Wolfgang zu Schneeberg

Am Anfang schuf Gott Himmel und Erde.

Und die Erde war wüst und leer und es war finster auf der Tiefe.

Und der Geist Gottes schwebte auf dem Wasser.

Da sprach Gott: es werde Licht. Und es ward Licht.

Es kann Zustände geben, die unbeschreiblich sind. *Wüst und leer, tohuwabohu* im Hebräischen.

Wüst und leer, finster auf der Tiefe meint: undurchdringlich, sinnlos.

Ein Abgrund.

Es kann im Leben Zustände geben, die unbeschreiblich werden.

Und wir müssen nach Worten ringen.

So mag es den Frauen und Männern, den Kindern, Erwachsenen und Greisen gegangen sein, die heute genau vor 65 Jahren an diesen Ort kamen oder auf ihn schauten. Ich weiß von einigen Zeitzeugen, dass sie so fühlten. Es gibt erschütternde Berichte.

Ein Flammenmeer war das, was hier geschah. Dann standen in der Asche skeletthafte Ruinenteile und gespenstische Gewölbefragmente, die ihrer Statik beraubt wenig später einstürzten.

Hier war es heute vor 65 Jahren *wüst und leer, finster auf der Tiefe;* wie in der biblischen Sprache vor der Weltschöpfung der ersten biblischen Erzählung.

Als sei nie was gewesen war es, hier an diesem Ort wo über 450 Jahre sich Menschen versammelt haben, sangen, beteten, feierten, bergmännische Traditionen pflegten, ihre Kinder zur Taufe brachten, heirateten usw.

Nur noch Ruinenteile ragten schwarz heraus.

Davor sah man sie auch schon von der Dresdner Frauenkirche, unzähliger anderer Kirchen, hier in Schneeberg etwa auch der Kirche der Methodisten und Baptisten. Auch Wohnhäuser einfacher Leute, Schlösser feiner Leute, Schulen, Museen standen schwarz da.
Es war finster auf der Tiefe.
Als wenn nie was gewesen wäre.

Das freilich ist der Unterschied zum biblischen Bild der Schöpfungserzählung. Doch, da war vorher etwas.
Die Schöpfungserzählung über Gottes Handeln kennt das Nichts.
Menschliches Handeln aber kann das nicht kennen.
Da ist schon immer etwas.
Was war da vor dem *wüst und leer*?

Da waren die Schulbücher, die die Kinder lehrten:
es gibt Herrenmenschen und Menschen, die keine Menschen sind.
Es gab die kleinen Radios, die man „Goebbelsschnauze" nannte und die millionenfach in den Wohnstuben hallten: „...wollt ihr den totalen Krieg!". „Ja", riefen zu viele und zu viele schwiegen.
Da kam er, der totale Krieg, z.B. hier an diesen Ort.
Da waren auch Pfarrer, die in Uniform predigten.
Mir stockt bis heute der Atem!
Da waren die Befehle eines geistigen Zwerges namens Hitler, aber mit riesiger Macht, die sie alle ausführten, auch die die es im Bürgertum besser wussten. Aber sie wiederstanden nicht oder zu
Wenig, aus richtiger Angst oder falschem Pflichtverständnis.
Es gab nicht zu viele Nazis, es zu wenig Demokraten!
Da waren die fünf jüdischen Familien von Millionen anderen Juden,
die auch aus Schneeberg sang- und klanglos verschwanden.
Da waren bald die Einberufungen, darunter die meisten, die begeistert gingen. Später berief man Kinder ein, den „Endsieg" zu erringen.
Und da waren dann irgendwann die Flüchtlingstracks aus Ostpreußen, darunter meine Mutter.
Bald übersäten Lazarette das Land, auch hier im Erzgebirge.

Und plötzlich war er da: der Geschützdonner von Zwickau her und amerikanische Flugzeuge über Schneeberg.
Da war mit einem Mal seit 1933 1945 geworden, auch über der alten, ehrwürdigen Bergstadt mit großer Kultur- und Wirtschaftsgeschichte.
In zwölf Jahren wurde, was da ward.
Es wurde inmitten von Menschen, in Köpfen, Herzen, Schulbüchern, an Wohnzimmertischen. Ein finsteres Nichts.
Ein fürchterliches Tier war dem finsteren Abgrund entstiegen,
es kam – biblisch gesprochen - aus der Hölle, bemächtigte sich viel zu vieler und kehrte dorthin zurück.

An der Oberfläche über dem Abgrund stand die Ruine, der Tod mit seinem Sieg. Schwarze Ruinenteile – wie schwarze Stecken – ragten in die Höhe.
Schwarze Stecken - „schwarze Stackn" – sagt der Erzgebirger.
Ein paar stehen jetzt hier in St. Wolfgang im Südschiff. Sie sind Werke von eines Hochschullehrers unserer Stadt, Professor Hans Brockhage, der vor gut einem Jahr verstarb.
Es sind „schwarze Stecken" eines Künstlers, der in den Ereignissen damals sein Bein verlor und traumatisiert aus dem inneren und äußeren Chaos heraus begann künstlerisch zu arbeiten.
Er hat mit dieser Art Kunst zu machen und zu lehren, versucht sich dem zu stellen, sich selber - zu sich - zu stellen.
Keinem muss das gefallen, gerade weil es bedeutend ist.
Meine Hoffnung ist nur die nach Respekt, vielleicht Nachdenken.
Hier in St.Wolfgang werden die Plastiken eine Weile in diesem Jahr, 65 Jahre nach der Finsternis auf der Tiefe bleiben.

Sein Alterswerk, die „Opferung", ist auch dabei.
Hier an diesem Ort, wo einst geschah, was geschah bis 1945.
Und danach bis heute.
Bis heute wo – wie in der Heiligen Schrift – neues Licht wie am ersten Tage der Schöpfung anbrach.

Auch nach 17 Jahren im Pfarramt an St.Wolfgang gehen mir solche Sätze nicht routinemäßig über die Lippen, weil immer die Verwundung sichtbar bleiben wird – z.B. an unserem geretteten Cranach-Altar.
Ein Bild verbrannte für immer!
Und doch hat Gott sein mächtiges Wort auch hier geredet:
Es werde! Da ward.
Aber wie, wodurch?

Die Älteren unter uns aus jener Zeit – es werden jetzt von Jahr zu Jahr sichtbar weniger! – wissen es noch ganz praktisch was da wieder wurde. Ihr wisst es: bitte erzählt es, wieso was ward, nämlich durch Opfer.
Gott sprach in Herzen, in Köpfe, in Sinne und Menschen begannen nun etwas von sich selber zu opfern. Zeit, Geld, Kraft, Kreativität, Einsatzbereitschaft, Gemeinsinn, unzählige Stunden.

Ich sehe das in meinem inneren Auge vorbeiziehen.
Ich sehe die Bilder der Trümmerfrauen in ihren Kittelschürzen vor mir und die der alten Männer mit Hacke und Schubkarren. Ich sehe unsere einst große Jungen Gemeinde, die hier ihre Wochenenden zubrachte, um Dreck zu transportieren.
Ich sehe die ersten Handwerker mit primitiven Mitteln nach dem Krieg.
Ich sehe die Dachdecker und Klempner in Hitze und Sturm.
Und ich sehe über die DDR Zeit die Bauhüttenleute, die Kirchenpfleger und Pfarrer, die Denkmalleute, immer irgendwas irgendwie improvisierend. Aber es ging.
Gott hatte sein Wort wieder gesprochen.
Es ging durch das Opfer.

Ich sehe die atemberaubende Situation der Wochen von 1996 vor der Wiedereinweihung der Kirche. Viele unter uns waren körperlich und nervlich an der Grenze, aber glücklich.
Ich sehe die Restauratoren des wiedergeborenen Freistaates Sachsen die Cranachbilder bringen.

Ich sehe helfende Verantwortliche in Stadt und Land.
Ich sehe den alten Kirchvorsteher weinend das Kreuz zum Altar tragen.

Ich sehe heute unsere Mitarbeiter, unsere Freunde vom Kirchenbauverein im Turm frieren, vom Orgelförderverein Karten verkaufen. Ich sehe die Leute vom Schulverein stundenlang auf Sitzungen und dann die Kinder, die mit ihren Lehrern hier einziehen,
ich sehe unsere Kantorei üben ...
Ich sehe - Glück.
Licht. Wie Licht am ersten Schöpfungstag.

Glück, etwas beizutragen, also von sich selber an Möglichkeiten wegzunehmen, zu opfern, zu geben, damit hier Leben bleibt.
Das Opfer ist Leben. Es gibt kein Leben ohne Opfer.

Es war ja das Verhängnis damals – und wie oft ist es das auf andere Weise heute auch – dass Menschen meinen, für ihre Interessen und ihre Anschauungen andere opfern zu müssen.
Das ist der Tod. Das Leben ist anders.
Ja es empfängt, es ist selber ein Geschenk, nicht gemacht, nicht gekauft, von uns selbst nicht zu erhalten.
Aber zugleich muss da die Dimension sein, etwas zu opfern, ohne die es kein Leben gibt.

Der christliche Glaube sieht hinter der Opferung das Kreuz, an dem Christus starb. Im Abgrund hielt er die Liebe durch und überbrückte so den Fluch des Abgrunds. Das Kreuz ist neues Leben, nach Karfreitag kam Ostern.
Brockhages „Opferung“ steht jetzt hier in St. Wolfgang.
Es sind und bleiben auch „schwarze Stackn“, schwarz wie einst die Ruine, so wie es einst hier und an unzähligen anderen Orten aussah, dadurch, dass Menschen andere Menschen opferten.
Möge das nie mehr so sein.

Wollen wir verständig werden und Leben suchen, auch mit unserem Beitrag, und sei es ein kleiner.

Möge diese Kirche Sinnbild bleiben für das, was durch Gottes Gnade nach dem Gericht geschah. Bitten wir das alles durch Christus, in dem Gottes Liebe einen Neuanfang schuf. Amen.

Ich würde es wieder tun

<u>Predigt über Jesaja 40.1-8</u>
Gedenkgottesdienst Rundkirche Klingenthal zum 20 jährigen Gedenken der friedlichen Revolution

Vielleicht werden sich jetzt einige von euch wundern, dass ich für die Predigt an diesem denkwürdigen Abend nicht auf die alte Kanzel der Kirche ´Zum Friedefürsten´ steige.
Das hat zwei Gründe.
Der eine Grund ist, dass die, die vor genau 20 Jahren zu den Demonstranten sprachen, hier auch von unten gesprochen haben.
Dieses ´von unten´ ist mir heute als Erinnerung sehr wichtig.
Wir waren wirklich auf Augenhöhe.
Wir wussten alle nur, dass es so nicht weitergehen kann.
Aber wie wir etwas Neues beginnen und was da werden soll, dass wussten wir auch nicht genau.
Keiner konnte sich bildlich gesprochen „oben" hinstellen.
Da war auch so viel Angst. Und es hat gut getan, im Volk zu sein, unten eben. Es war ein wunderbarer Ausdruck von Geborgenheit.

Ich möchte auch heute, nach fast genau 20 Jahren, wieder unten bleiben. Auch aus einem zweiten Grund:
damit ich nämlich besser auf die Kanzel zeigen kann und das, was dort seit fast 300 Jahren steht:
Des Herrn Wort bleibt in Ewigkeit.
Dort wird ein Wort aus dem Prophetenbuch des Jesaja im 40. Kapitel zitiert, worin es heisst – ich lese den Kontext mit:
´Tröstet, tröstet mein Volk, spricht euer Gott, redet freundlich mit Jerusalem und predigt ihr, dass ihre Knechtschaft ein Ende hat und dass ihre Schuld vergeben ist. ...
Denn die Herrlichkeit des Herrn soll offenbar werden. ...
Alles Fleisch ist Gras und all seine Güte ist wie eine Blume auf dem Felde. ...

Das Gras verdorrt, die Blume verwelkt, aber das Wort unseres Gottes bleibt ewiglich.´
Das Wort Gottes bleibt in Ewigkeit.
Darauf will ich besser mit euch blicken können.

Unter den Demonstranten – es dürften insgesamt hier um die Kirche und dann auf dem Marktplatz bis zu 8000 gewesen sein – waren nicht nur Christen, sondern auch viele ohne religiöse Bindung. Wir begannen unseren Protest auf der Straße und landeten schließlich hier in und an der Kirche. Dass wir hier waren, war jedenfalls für mich der entscheidender Trost und Halt.
Wir wussten auch nicht, wo es hinführt, wie was zu machen ist, ob sie zuschlagen und was dann wird.
Aber eines wussten wir Christen aus der Überlieferung unseres Glaubens seit Jahrhunderten, ja mit den Bibeltexten seit Jahrtausenden: *des Herrn Wort bleibt in Ewigkeit.*

Sichtbar ist in unserem Volk das bis heute in den Kirchenbauten.
Auch hier in Klingenthal.
Damals wurden sie steinerne Horte der Zuflucht. Aus dem Schatz der Kirche hatten wir gelernt: die Herren der Welt kommen und gehen, aber der Herr kommt. Er allein ist der Herr der Geschichte, er setzt allem sein Maß.
Damals war das Maß für die zweite deutsche Diktatur gekommen.
Die Schuld hat das System weggespült. Und wir waren Zeitzeugen.
Wir waren keine Helden, wahrlich nicht, nur einfache Menschen.
Aber wir waren Zeugen, auch voller Angst um unsere Familien
und doch wunderbar getragen.
Da waren unsichtbare Hände, die uns trugen.
Unsere Vorfahren, die damals Anfang des 18.Jh, diese wundervolle Kirche errichteten, schrieben das an ihren Mittelpunkt, die Kanzel.
Selbstverständlich soll der Pfarrer dort sonntags predigen, wie ich es acht Jahr lang durfte, und das alte Gotteswort immer wieder auslegen.

Ich will heute aber unten bleiben, wie damals in eurer Mitte und hinaufsehen auf die eine und ewige Wahrheit, die uns damals in einmaliger, überraschender Weise Geschichte neu erschloss.

Heute sind wir alle 20 Jahre älter, an Lebenserfahrung etwas reicher, vielleicht sogar wirklich ein bisschen klüger.
Wir schauen heute zurück.
Geschichte, das habe ich buchstabieren gelernt, lässt sich nie objektivieren, auf einen Nenner bringen, wie es alle Ideologien, auch der Marxismus, versuchen. Alles ist und bleibt komplex, heute mehr denn je. Bleiben wir immer misstrauisch Leuten gegenüber, die angeblich alles wissen und können.
Heute aber kannst du mit einem Stück Abstand klarer und kühler auf das Damals sehen. Du kannst ein Stück analytischer sein.

Was war das Problem –
dass sich nach außen hin
am Grau der Häuser zeigte,
der zerstörten Umwelt,
am Gespenst der Staatssicherheit,
des Irrsinns von Zettelfalten, was ´wählen´ hieß,
der Entmündigung, nicht die Alpen sehen zu dürfen,
den verbrecherischen Zwangsadoptionen,
der Perversion der Grenzanlagen,
der alltäglichen Verdummung der Berichterstattung,
der Drohung mit der ´chinesischen Lösung´, usw.
Was war das Problem?

Ich will es an zwei exemplarischen Erlebnissen schildern, die ich nicht vergessen werde.
1988 durfte ich mit einem Mitglied unseres Kirchenvorstandes die Partnergemeinde in Hannover besuchen. Wenige Stunden vor Abfahrt des Zuges erhielten wir huldvoll den DDR-Paß.
Ein Paß! Vergesst das nie, was es heißt einen Paß zu haben!

Wir saßen also in einem vollen Zugabteil und rollten auf den Grenzübergang Oebisfelde zu. Im Zug wurde es immer ruhiger, dann beklemmender, schließlich wie in einer Friedhofshalle.
Du hast innerlich gefroren. Die Kontrolleure liefen mit den Hunden durch den Zug, alles wurde abgeleuchtet. Wie ein Tier kamst du dir vor. Irgendwann nach vielleicht zwei Stunden war die Beschauung der DDR-Bürger zu Ende und der Zug rollte langsam an.
Wir sahen hinaus auf die kahlen Stacheldrahtfelder um die Schienen und rollten in den Westen.
Innerhalb von Sekunden änderte sich die Stimmung.
Aus den Leuten brach es regelrecht heraus.
Jemand schrie: ´Diese Verbrecher, und diese....´
Ich erspare mir jetzt lieber die Begriffe.
Einer anderer sprang auf und holte Sekt und Schnaps.
In Hannover waren die ersten schon blau.

Was ich dort erlebte, war brennglasartig das Problem:
Unsere Zweigesichtigkeit.
Wir bewegten uns fast immer in zwei Existenzen, einer nach innen und einer nach außen. Das hat so viele krank gemacht.
Krank vom Kindergarten bis zu Pflegeheim. Wir spielten in einem miesen Stück mit und verloren immer mehr die Selbstachtung.

Genau das durchbrach sich in der zweiten Szene.
Und das war unser Aufstand!
Es war der Abend des 20. Oktober 1989 hier an diesem Fleck,
vor dieser Kanzel:
Da waren plötzlich Frauen und Männer, Arbeiter, Ärztinnen, Lehrer, Ingenieure, aus denen brach es heraus. Als wenn sich ein inneres Gefängnis öffnete. Diese Momente gehören mit zu den glücklichsten meines Lebens: an einem selber und Menschen mit großartigen Begabungen Befreiung zu erleben.
Was damals geschah, war innere und bald auch äußere Befreiung.

Menschen lernten offen und öffentlich über sich, über ihre Ängste und Wünsche, ihre Hoffnung zu reden.

Ich will es als Pfarrer sagen: für mich war es ein Werk des Heiligen Geistes. Damit beschreibt sich auch für mich unsere Rolle als Kirche.
Wir waren eine Insel im Roten Meer, durch die das Volk zog.
Durch sehr viele Faktoren war da eine Insel oder Nische.
Die alte Kirche.
Nur verdeckt traute sich das System heran.
Trotz zwölf inoffiziellen und drei offiziellen Mitarbeitern der Stasi im Nacken, wie ich später aus meinen Akten entnahm, die Kilo von Papier über meine Gemeinde, meine Familie und mich zusammenzutrugen, waren wir Kirchenleute doch irgendwie geschützter.
Da gab es die weltweite Kirche. Das hatten die meisten derer, die mutig das Wort ergriffen und erste Schritte gingen, nicht.
Die wirklich Mutigen, das waren die Frauen und Männer, denen die Kirche wohl Plattform der Freiheit wurde, aber nicht den existentiellen Konflikt ersparte.
Denn diese Freiheit führte sie auch – so überdies auch der Hintergrund unseres Predigtwortes – in die Wüste. Sie standen mitten in der Gesellschaft, im Beruf.
Von den Fleischtöpfen und Sicherheiten der Knechtschaft gingen sie in die Unsicherheit und das berühmte biblische Murren des Volkes.
Man kann es auch weniger fromm mit dem berühmten Wort sagen:
´Die Revolution frisst ihre Kinder.´
Viele sind wohl befreit aber auch tief verletzt, einige gescheitert, aus jener Zeit herausgekommen.
Sie waren nicht so abgebrüht, wie es heute im politischen Geschäft üblich ist. Die Stehaufmännchen kamen woanders her, jene die bis heute ungeschminkt meinen: war da mal was?
Vielen Mutigen von damals ging es – wegen ihrer Ehrlichkeit - anders.
Ich will es für mich jedenfalls sagen: ich ziehe tief den Hut vor den Akteuren damals.
Auch wenn manches vielleicht unausgegoren, hecktisch, radikal war:

es war doch im Letzten eine Befreiung.
Ihr seid dabei gewesen. Gott sei Dank.

Auch das will ich noch hinzufügen: es gab auch jenseits des Geschehens um diese Kirche manchen stillen Anstand.
Ich denke an die Polizisten, die den Verkehr regelten, die Sanitäter, die bereitstanden, ja sogar an einige Leute in den Behörden, die wohl begriffen hatten: so kann es nicht mehr weiter gehen.
Lasst uns auch das nicht vergessen.
Wie auch die große Bühne der Welt.
Aus Moskau kamen ein paar entscheidende Telefonate nicht mehr.
Und andere Staaten begannen langsam zu begreifen, dass zusammenwachsen muss, was zusammengehört.

Da unser Aufstand, unsere friedliche Revolution unter dem Vorzeichen der Ehrlichkeit stand, müssen wir auch sagen:
Was haben wir damals auch für dummes Zeug gewollt.
„Stasi in die Produktion", riefen wir etwa.
Heute gibt es in unserer Gegend kaum noch Produktion.
Ich habe auch erst später den Sozialismus für entbehrlich gehalten und mir wurde deutlich, dass es zur deutschen Einheit keine Alternative gab und gibt.
Gott hat damit über Deutschland seine Gnade nach der furchtbaren Vergangenheit, die mit dem Zivilisationsbruch des Holocaust begann, deutlich werden lassen.
Wir waren Teil eines größeren Geschehens, hinter dem Glaubende auch Gottes verborgenes Handeln erkennen.
Im Ganzen war die friedliche Revolution letztlich ein kleiner Teil eines weltweiten Umbruchs, den wir heute etwa mit dem Begriff der ´Globalisierung´ umschreiben.

Trotzdem: damals ging es um das Entscheidende: um Befreiung unserer Seelen und unseres Geistes. Das war der Atem.
Es war wunderbar, keine Minute möchte ich missen!

Ich würde es wieder machen!

Ich freue mich immer, wie unbekümmert meine inzwischen großen drei Jungs mit solchen Entwicklungen umgehen.
Für sie hat die DDR etwa die Bedeutung von zwei Unterrichtsstunden über Kaiser Wilhelm. Sie schauen nach vorne.
Für sie ist alles offen.
Ich mache mir dagegen auch über vieles Sorgen, wie es weitergeht in diesem schönen Landstrich mit seinen liebenswerten Städten und Dörfern, auch unserer Kirche.
Wir werden im Volk der friedliches Revolution älter und sehr deutlich weniger. Es ist schon ziemlich dünn. Und das wird anhalten

Dennoch: vieles Glückliche gibt es, was auch ein Blick in Klingenthal auf die renovierten Häuser und tollen Straßen, die offene Grenze nach Böhmen, die Schulen und für mich auch ganz persönlich besonders den Evangelischen Kindergarten zeigt.
Wünschen wir den Kindern eine Welt, in der sie als freie Menschen leben, arbeiten und lieben lernen.
Möge ihnen die Angst, die wir hatten, erspart bleiben und die neuen Ängste, sein Auskommen in einer offenen Welt zu finden, nicht Denken und Fühlen nehmen.

Heute ist die Stunde der Erinnerung an die Tage von 20 Jahren.
Es waren gute Tage.
Ich würde es wieder machen!
Mit Freunden und Geschwistern des Glaubens hier unten stehen, etwas sagen und moderieren.
Ich würde es wieder machen! Vor allem deswegen, weil da oben steht:
Des Herrn Wort bleibt in Ewigkeit.
Wer bis damals noch nicht an Wunder glaubte, hat es dort hoffentlich gelernt.
Gott hat uns das Wunder der Befreiung zuteil lassen werden.
Er behüte uns alle in dieser Freiheit. Amen.

Inhaltsverzeichnis Seite

Printed by Books on Demand GmbH, Norderstedt / Germany